纳西族是个历史民族，以数万年前就定居于当地的原住民为基础，在秦汉以后融合了不断南下的羌人后裔并以其为主体，从元明以来又融合有大量的汉、白、藏、彝、傈僳、普米等民族成分及其文化。“纳西”是纳西族支系纳西人的自称，于新中国成立后泛称整个民族，以取代“麽些”或“麽西”等其他称谓。

国家出版基金项目

走近中国少数民族丛书

主　编/丹珠昂奔

纳西族

Naxizu

白庚胜　孙淑玲　白羲　著

辽宁民族出版社

图书在版编目（CIP）数据

纳西族／白庚胜，孙淑玲，白羲著. —沈阳：辽宁民族出版社，2014. 12（2020.5重印）

（走近中国少数民族丛书／丹珠昂奔主编）

ISBN 978-7-5497-0945-8

Ⅰ. ①纳…　Ⅱ. ①白…　②孙…　③白…　Ⅲ. ①纳西族—民族历史—中国　②纳西族—民族文化—中国　Ⅳ. ①K285.7

中国版本图书馆CIP数据核字（2014）第310812号

走近中国少数民族丛书・纳西族

ZOUJIN ZHONGGUO SHAOSHU MINZU CONGSHU・NAXIZU

丛书策划／李凤山

出版发行者：辽宁民族出版社
地　　　址：沈阳市和平区十一纬路25号　邮编：110003
印　刷　者：晟德（天津）印刷有限公司
幅 面 尺 寸：170mm×240mm
印　　　张：12.5
字　　　数：180千字
出 版 时 间：2014年12月第1版
印 刷 时 间：2020年5月第2次印刷
责 任 编 辑：李凤山　吴昕阳
封 面 设 计：杜　江
责 任 印 制：杨　雪
责 任 校 对：边京爱

标准书号：ISBN 978-7-5497-0945-8
定　　价：38.00元

网　址：www.lnmzcbs.com　　邮购热线：024-23284335
淘宝网店：http：// lnmz2013.taobao.com
如有印装质量问题，请与出版社联系调换　联系电话：024-23284340

《走近中国少数民族丛书》编辑委员会

《走近中国少数民族丛书》作者名录

《蒙古族》 萨仁图娅（蒙古族）
《回族》 许宪隆（回族） 张龙（汉族）
《藏族》 丹珠昂奔（藏族）
《维吾尔族》 艾克拜尔·吾拉木（维吾尔族）
买力克·买买提（维吾尔族）
伊利迪尔（维吾尔族）
《苗族》 石莉芸（苗族） 李云兵（苗族）
《彝族》 陈国光（彝族）
《壮族》 黄佩华（壮族）
《布依族》 周国炎（布依族）
《朝鲜族》 黄有福（朝鲜族）
《满族》 于今（满族）
《侗族》 杨筑慧（侗族）
《瑶族》 玉时阶（壮族）
《白族》 董建中（白族）
《土家族》 罗中（土家族） 罗午（土家族）
《哈尼族》 朱志民（哈尼族） 李泽然（哈尼族）
《哈萨克族》 艾克拜尔·米吉提（哈萨克族）
伊拉达·拉音别克（哈萨克族）
《傣族》 赵瑛（傣族）
《黎族》 罗文雄（黎族）
《傈僳族》 鲁建彪（傈僳族） 欧光明（傈僳族）
《佤族》 郭锐（佤族）
《畲族》 钟亮（畲族）
《台湾少数民族》 林华（台湾少数民族）
《拉祜族》 苏翠薇（拉祜族）
《水族》 韦学纯（水族）
《东乡族》 马兆熙（东乡族） 马自祥（东乡族）
《纳西族》 白庚胜（纳西族） 孙淑玲（汉族）
白羲（纳西族）
《景颇族》 金黎燕（景颇族）
《柯尔克孜族》 阿地里·居玛吐尔地（柯尔克孜族）
《土族》 祁进玉（土族） 东永学（土族）
《达斡尔族》 毅松（达斡尔族）
《仫佬族》 黎学锐（仫佬族） 黎炼（仫佬族）
《羌族》 雍继荣（羌族） 罗吉华（羌族）
周发成（羌族）
《布朗族》 陶玉明（布朗族）
《撒拉族》 马成俊（撒拉族） 马建新（撒拉族）
《毛南族》 韩德明（汉族）
《仡佬族》 周小艺（仡佬族）
《锡伯族》 阿苏（锡伯族） 盛丰田（锡伯族）
何荣伟（锡伯族）
《阿昌族》 们发延（阿昌族） 张斯齐（蒙古族）
《普米族》 朱凌飞（汉族） 杨周明（普米族）
《塔吉克族》 西仁·库尔班（塔吉克族）
阿力木江·西仁（塔吉克族）
《怒族》 李月英（傈僳族） 张芮婕（傈僳族）
《乌孜别克族》 古丽巴努木·克拜吐里（维吾尔族）
《俄罗斯族》 乃珂热曼·依布拉音（塔吉克族）
《鄂温克族》 黄任远（汉族） 那晓波（鄂温克族）
《德昂族》 袁丽华（汉族） 王燕（汉族）
《保安族》 马少青（保安族）
《裕固族》 董潇红（裕固族） 王政德（藏族）
《京族》 吕俊彪（汉族）
《塔塔尔族》 卡米力·库尔马尤夫（塔塔尔族）
《独龙族》 李金明（独龙族）
《鄂伦春族》 王为华（汉族）
《赫哲族》 黄任远（汉族）
《门巴族》 陈立明（汉族） 张媛（汉族）
《珞巴族》 陈立明（汉族） 李锦萍（汉族）
《基诺族》 朱映占（汉族）

总序

中国是一个统一的多民族国家。几千年来，有着悠久历史和灿烂文化的少数民族，与汉族一道，在中华大地上繁衍生息，共同开发着这块土地，建设、发展、捍卫着这个古老而伟大的国家。各民族都是兄弟，相互离不开，都是这个国家的主人。习近平总书记在第二次中央新疆工作座谈会上发表重要讲话，指出："要坚定不移坚持党的民族政策、坚持民族区域自治制度。民族团结是各族人民的生命线。要高举各民族大团结的旗帜，在各民族中牢固树立国家意识、公民意识、中华民族共同体意识，最大限度团结依靠各族群众，使每个民族、每个公民都为实现中华民族伟大复兴的中国梦贡献力量，共享祖国繁荣发展的成果。各民族要相互了解、相互尊重、相互包容、相互欣赏、相互学习、相互帮助，像石榴籽那样紧紧抱在一起。""要在各族群众中牢固树立正确的祖国观、民族观，弘扬社会主义核心价值体系和社会主义核心价值观，增强各族群众对伟大祖国的认同、对中华民族的认同、对中华文化的认同、对中国特色社会主义道路的认同。"因此，坚持平等、团结、互助、和谐的社会主义民族关系，不断增进了解，深化友谊，建立牢不可破的感情基础，是中国社会转型期、改革攻坚期、矛盾多发期保持社会稳定、发展的基本要求，也是实现中华民族伟大复兴的中国梦的基本要求。

为了进一步宣传我国少数民族的历史文化和民族风情，增强对少数民族的认识，宣传党的民族政策和方针，加深对党的民族政策的理解，加强各民族之间的了解与沟通，让读者了解少数民族，中华人民共和国国家民族事务委员会文化宣传司和辽宁民族出版社共同组织了《走近中国少数民族丛书》。

《走近中国少数民族丛书》的编写有以下三个特点：第一，采用图文并茂的形式、鲜活生动的语言、特色浓郁的图片与丰富的民族常识链接，向读者展示我国55个少数民族的历史渊源、民族变迁、社会生活、文化艺术、风俗习惯、历史人物和民族区域自治政策的伟大实践。第二，作者多为本民族的专家学者和与民族研究工作相关的专家学者，对自己撰述的对象既有深厚的知识积累，也有真挚的情感。第三，内容彰显了历史与现实、民族文化与地域文化、民族区域自治地方与散杂居地区少数民族生产生活的多彩画卷和轨迹，引导读者走近少数民族，聆听他们的古老传说，感受他们的发展变化，加深彼此的沟通和了解。这套《走近中国少数民族丛书》是面向民族干部和各级干部通览我国少数民族概况的普及读本，也是图书馆的必备藏书。

《走近中国少数民族丛书》所揭示的每一个民族的历史，都承载着这个民族的文化，也承载着这个民族的发展和未来。中华大地孕育的55个少数民族多彩斑斓的民族文化，同汉族文化一道从远古走到今天，汇入了中华文化壮阔的历史长河。“共同团结奋斗，共同繁荣发展”，保护、传承和弘扬少数民族优秀文化，不仅是推动我国民族团结进步事业的重要内容，也是构建和谐社会、实现中华民族伟大复兴的中国梦的重要使命。期待通过《走近中国少数民族丛书》，使广大读者徜徉于少数民族多彩风情的同时，更加深刻地了解和认知中华民族多元一体的文化内涵，感受中华民族悠久历史的深远与厚重。

丹珠昂奔

2014年6月26日

前言

纳西族 多元文化的熔铸者

写惯了公文、报告，编惯了类书、丛书，搞惯了研究、翻译，突然间要写一册通俗读物，且被要求言简意赅、图文并茂，这对我不能不说是一种考验：铸造五尺大刀固然艰难，锻打五寸匕首未必简单！

但是，面对着名声渐显的纳西族，面对着每年3 000万游客纷至沓来的故乡丽江，也面对着井喷式的纳西文化宣传及纳西精神弘扬的现实，我自有一种天然的责任感：既要保护传承好纳西族的文化遗产、生命基因，又要梳理好纳西族的历史、脉络、经纬，更要以客观、理性的学术成果把一个真实的丽江与纳西族及其文化展示于外界，令四方宾客共同欣赏、品鉴，而不是人为地制造神秘，更不是让人误入歧途。这就是我应征编写这本《纳西族》的初衷。

是的，我已经“功成名就”，我即将“垂垂老矣”，我不必再热衷于这“雕虫小技”。然而，我爱我的故乡，我爱我的民族，为她而书写与歌唱是我永不止息的使命所在。只要有利于她的发展进步，我就应该孜孜不倦、春蚕吐丝、蜡炬成灰。从而，我也就忘却了“高深”与“浅白”的区别，“大作”和“小技”的分野，直欲“杀鸡用牛刀”“大炮轰蚊蝇”，严格按照这套丛书的体例及学术规范“舞文弄墨”。

其实，编写这部《纳西族》也是一个令我重新认识自己与本民族精神的过程。随同文字的引领，我重走迁徙之路；伴随对材料的析理，我突发种种奇思与妙想；紧跟时代的步伐，我仿佛置身于母族从茹毛饮血、刀光剑影、血雨腥风到和平和谐，乃至数字、电子、量子时代的跨越。

从“被遗忘的王国”到“改革开放的前沿”，从“千不怕万不怕，只怕纳西人说普通话”到优秀儿女遍布五洲四海、天涯海角，从“走婚族”

到“明星族”，从“眼望金沙江，罐中无茶水”到高峡出平湖、水城复电都，从古舞、古画、古乐、古城、古文字到新县、新市、新城、新农村、新机场，丽江的经脉传递着什么样的信息变化？纳西族的文化发生着什么样的逻辑转换？而且其原因为何？其动力孰是？或者成或者败，丽江能给外界多少借鉴？或者美或者丑，纳西族能给其他民族什么样的启示？

为了探检这一个又一个秘密，为了回答这一个又一个问题，在荏苒的时光里，我把目光投向丽江及其周边的一方方奇山异水，甚至我把神思移向纳西族以外的一个个族群部曲。这些蹉跎但温暖的日子里，我连缀片片断断的史实，我贯通若即若离的气息，我既惊异于纳西族文化之体丰、质优、感美，更感叹于周边民族对她的多方哺育、影响、浸润，从而更强烈地感受到她对人类文明所承担的责任、她对祖国历史所具有的意义。于是，编写这部《纳西族》也就使我的劳碌灿然生辉，使我的生命光华四射。我想，正如千万条支流的汇入使长江、黄河滚滚东去豪壮了大海，也像亿万颗星星的闪烁映彻了沉沉的夜空，只要这部读本能让纳西族的子民更多一些文化上的自觉、自识、自豪、自尊，我就将感到无比的慰藉；只要这部读本能对关心纳西族的朋友有所参考的价值，我将感到十分的幸运与满足。

在纳西族的民族服装被篡改得错杂纷然的情况下，在纳西族几个支系正在不断迷失于主体认同的现象中，在纳西族的历史文化不断被拉长、拔高的纷扰里，在纳西族的血脉不断被错误嫁接的乱象间，在纳西族的故乡被污名化为“发呆之地”“艳遇之都”的不幸前，在丽江古城面临内涵空洞、灵魂尽失、铜臭味熏天、文明蜕化的困境下，我只是想在此中展现一个真实的纳西族——她与其他民族一样在中华民族大家庭中是平等的一员，有她的光荣与梦想，也有她的危机，我不能容忍纳西族被污名化、空洞化、商品化！我也不能允许纳西族被神化、被虚化、被幻化！这本小册子如果能负起对此“四两拨千斤”的作用，则我心足也。

目录

第一章
走进纳西

纳西族是个历史民族，以数万年前就定居于当地的原住民为基础，在秦汉以后融合了不断南下的羌人后裔并以其为主体，从元明以来又融合有大量的汉、白、藏、彝、傈僳、普米等民族成分及其文化。

“纳西”是纳西族支系纳西人的自称。它以其主要支系人口众多、分布较广、经济实力较强、文化比较发达而于新中国成立后按名从其主的原则泛称整个民族，以取代“麽些”或“麽西”等其他称谓。

▲

泸沽湖

中国是一个多民族的国家，由56个民族组成；中华民族是一个命运共同体，共有56个基本文化单元。纳西族是其中的一员，纳西文化是中华文化不可或缺的一个部分。

目前，纳西族共包括纳西、纳恒、纳日、阮可、玛里玛沙几个支系，分布于我国西南滇、川、藏三省区交汇之地，共有32.4万人，成立有1个民族自治县、4个民族乡，聚居或分居于5个自治州、1个市、1个专区的16个县、区、自治县。

位于云南迪庆藏族自治州香格里拉市三坝纳西族乡的白水台 ▶

纳西族是个历史民族，以数万年前就定居于当地的原住民为基础，在秦汉以后融合了不断南下的羌人后裔并以其为主体，从元明以来又融合有大量的汉、白、藏、彝、傈僳、普米等民族成分及其文化。

纳西之义

“纳西”是纳西族支系纳西人的自称，盖以其人口众多、分布较广、经济实力较强、文化比较发达而于新中国成立后按名从其主的原则泛称整个民族，以取代“麽些”或“麽西”等其他称谓。这当然影响到其他几个支系的认同。那么“纳西”之义是什么？在纳西语中，“纳”之本义为“黑”，引申义为“伟大”“众多”“高贵”。这是因为纳西族在古代属崇尚黑色的“黑羌”，黑为其所崇尚的色彩；“西”在纳西语中本义为“人”，引申义为“族”“民族”“人类”，将“纳”与“西”组合成一个专用名词，可直译为“伟大的民族”，或“高贵的人”“众多的族群”。另外，纳恒支系“纳恒”与“纳西”意义一致，不过是将“西”音变成了“恒”；纳日支系之“纳日”为自称、“摩梭”为他称，是古“麽些”之异写。这里的“些”读“梭”或“挲”。至于“日”，又记作“汝”，为“人”之义，准确讲指“男人”。纳西支系及纳恒支系也有与之相类似的自称方式。阮可支系之“阮可”在纳西语中为“江边”之义，是“江边纳西人”的简称；玛里玛沙亦是他称，一般认为它是“木里摩挲人”之音变，表明该支系迁自四川

丽江纳西族老人

▲

生活在宁蒗县永宁乡自称“纳日”的纳西族

▲

生活在迪庆香格里拉市三坝乡自称“纳恒”的纳西族

省木里县，为古摩挲遗裔。

由上可见，“纳”乃是纳西族各支系的终极认同，而其他后缀或别称只不过是附加者，并不改变其根本意义。

纳西之源

纳西族是20世纪50年代才被中央人民政府认定的族称。在历史上，她从晋代常璩所著《华阳国志》记如“摩沙夷”以来，屡屡被异写作“麽些”“摩挲”“麽西”“末些”等，却一直保持着“Moso”这个读音未变。直到现当代，与纳西族杂居或邻处的汉族、白族仍保持着这一称谓。

据有关史书记述，这一族群属于羌人，故又称作“摩挲羌”，并与“牦牛羌”“白狼羌”相提并论。从其巫术信仰、色彩崇拜、图腾、基本词汇、房屋建筑、服饰歌舞等比对，关于纳西族先民主体部分为羌人之说完全成立。但是，正如日本学者诹访哲郎所言，其中也融合有南方农耕原住民的成分，只是前者占据

玉龙雪山下的丽江古城

了主导地位而已。因此，可以说纳西族在起源上是二元性的，并以南下游牧集团为主。

纳西之地

金沙江

从种种考古发现推测，作为纳西族源头之一的土著居民，似乎属于濮越系，并分布于金沙江两岸、泸沽湖周边、丽江坝子等水滨平地，操持原始采集、狩猎、农耕生计；而作为其主体部分的羌人后裔“摩沙”或“摩挲”“麽些”则曾活动于西北高原，参与过夏文明的创建，秦汉之际才缓慢迁入西南山地，逡巡于大渡河、泯江、雅砻江流域，然后除一部分留守木里、冕宁、盐源、盐边等故地外，一支自称纳日者于唐代攻占泸沽湖周边，进而经蒗渠、永胜直抵宾川，在那里建立了“麽些诏”（又称“越析诏”），并在其被南诏攻破之后有一部分退回金沙江以北的永胜、蒗渠等地，绝大部分则被遣至滇池周围，消失于历史的苍烟之中；另一支则在西迁至现今香格里拉市三坝乡后驻足不前，后来创建了东巴教并自称“纳恒”；再一支为纳西支系，亦于唐武德年间从川西渡过金沙江逐濮缥蛮占据玉龙山下，且迅速领有虎跳峡以上至其宗一带的富庶地区，成为金沙江两岸的新主人，并先后依附于南诏、大唐、吐蕃政权，在宋代建立过自己的独立政权。元明以后，她还依仗中央王朝的支持四处征战移民，向北进入迪庆藏区，进而攻掠巴塘、理塘、昌都盐井、察隅、林芝，继而向西攻略兰坪、维西诸地，跨澜沧江直插怒江、独龙江、恩梅开江、迈立开江中上游地区；还有若干分支向剑川、鹤庆、永胜、宁蒗、木里辐射。这一分布至今依然，不过有多寡之别而已。

纳西之魂

所谓“魂”即是精神。种种文化事象表明，纳西族及其文化精神发展先后分三个阶段：

海拔5 596米的丽江玉龙雪山是纳西族的神山。她与纳西人的精神世界密切相关

第一个阶段为“生”，即围绕着生存、生产、生活推进自己的历史。生殖崇拜、图腾信仰、生产发明、生活智慧等是其关注的重要问题。

第二个阶段为“战”，产生于纳西族先民已经有了剩余生产、已经形成部落、已经置于复杂的族群环境、已经涉足残酷的社会竞争之后。所张扬的是尚武精神、英雄主义，所顶礼的是战神、护法神，以及民族英雄。

第三个阶段为“和”，开始于纳西族各支系完全定居农耕与信仰佛教、道教、儒教之后，所诉求者为和平、和睦、和谐、和合、和乐，不仅将利剑熔化为犁锄，还制作了各种乐器，所弹奏者皆为和美乐章。

纳西之性

由于纳西文化属于艺术类型，故而纳西族及其文化灵动、慧颖，其质美，其感柔，其情真；纳西人言必眉飞色舞，语必以手牵手，忧则借酒浇愁，乐则山欢水笑，怒则扬眉出鞘，喜则举步歌舞，悲则呼天抢地，无论音乐、舞蹈、绘画都气韵十足、慧根毕现、悟性超凡、美感无限，充分表现出其整体的和谐，以及极强的感悟力、很好的适应性、很大的包容力。她的每一个子民都是天然的诗人、歌者、舞蹈家，却不是哲学之王、历史之主、科学之君。

能歌善舞的纳西人

第二章
考古纳西

大量证据表明，以丽江为中心的纳西族分布地区因被夹击于南亚次大陆与东亚、雪山高原与河谷平坝、热带亚热带与温带寒带之间而富集自然地理与生物多样性。与之相对应的人类进化、种族演进、文化交流、文明更替亦十分活跃。

大量证据表明，以丽江为中心的纳西族分布地区因被夹击于南亚次大陆与东亚、雪山高原与河谷平坝、热带亚热带与温带寒带之间而富集自然地理与生物多样性。与之相对应的人类进化、种族演进、文化交流、文明更替亦十分活跃。从而，始自170万—20万年前的阿舍利手斧，10万—5万年前的热水塘新石器石锛、石锄、石斧，5万—3万年前的“丽江人”，维西戈登遗址，泸沽湖周边的金石器，巨甸红铜器、青铜器，虎跳峡出口处大具的石棺葬，奉科宝山所发掘的蜀郡铁锸等等，构成了一条完整的文化链，并与秦汉以来的中华文明连为一体，至今生生不息、朝气蓬勃，逐渐进入到文字文明、信息文明、数字文明时代。

玉龙山阿舍利手斧

在欧洲考古学界，一直把人类早期石器文化分为砍砸器文化与手斧文化两个基本类型及其阶段，而且认为砍砸器分布于东方、手斧文化分布于西方。在美国学者莫维斯眼中，前者落后于后者，阿舍利手斧就是后者的代表。阿舍利手斧一般被视为起源于非洲，后来才广泛分布至非洲与欧洲，与薄刃斧、手镐、大型石刀等组合在一起构成了阿舍利手斧文化，并以最早发现于法国亚眠市郊圣阿舍利而得名。如果按此理论类推，玉龙山阿舍利手斧当属西方手斧文化圈，只是至今无人能够证明它怎样从西方传入东方，因为它毕竟是170万—20万年前的器物。

玉龙山阿舍利手斧发现于1993年，发现者为胡绍锦。是年夏天，他去玉龙山旅游，不经意间在海拔3 240米高的云杉坪与数件辉绿岩砾石加工石片邂逅。他将石片带回昆明进行考察鉴定后，发现它正是阿舍利型手斧。具体为：手斧呈折扇形，背面作泪滴形，采用错向打击法打制。即：先从石片两侧向背里重击，打出一个扁薄尖头，使两侧变宽大并形成斜面于中轴线处相交呈稍弯曲的隆脊，然后再由一侧向劈面打击修理；另一侧则因相当锋利而不再处理。其形制为三维设计，一端较尖薄；另一端略宽厚，左右及正反两面基本对称。它符合阿舍利手斧加工的标准、程序、特点，所根据的是简约法则，其技术娴熟、准确无误，其质地、色泽、加工平整度、光洁度都充分体现出原始人类高超的智慧和卓越的技能，足以代表古人类进化到直立人时期旧石器加工的最高水平，被公认为人类历史上第一种标准化加工的重型工具。

丽江人

“丽江人”最早发现于1956年。其后，又于1960年、1963年、1964年、1984年作一次次补充考察，并先后发现包括人类头盖骨与股骨、刮削器、砍砸器、石球、鹿角工具等28件文物。其中，有石核8件、石片5件、刮削器2件、砍砸器1件、石球10件、石柱碎片2件。发现地点为丽江古城以南11 000米处的金山乡漾西木家桥。其历史时代当在10万—5万年之前的旧石器时代。

“丽江人”头盖骨为一12岁许少女遗骸残留物，属更新世晚期智人化石。从额面上部之扁平程度看，“丽江人”属蒙古人种，虽头颅最大宽垂直位置指数较低，枕部有明显的“发髻状”隆起，耳外孔长轴上端朝前倾斜，带有一定的原始性，但她已与现代人十分接近。在同一地点及其附近发现的石制、角制生产工具等，也表明“丽江人”的生产生活已经发展到较高的水平。比如，刮削器的加工已运用四面体石英石岩角砾在棱上交互和单向混合加工；砍砸器运用先打片后加工的方式制作；石球或取磨圆度很高的砾石沿长轴截短，或将扁平砾石顺短轴在四周边缘加工等形式，与华北许家窑、丁村遗址等处石球惊人相似，其大小与形态亦非常一致；鹿角工具已被钻孔，表明“丽江人”已发明钻孔工具及其技术，并产生了圆的观念，以及以圆为美的审美意识。至于他们是否与今天的纳西族有直接关系则尚无定论。

金沙江流域新石器遗址

新石器时代，金沙江两岸遍布石棺葬文化。它们有维西县戈登村洞穴遗址、丽江市古城区大东乡热水塘村遗址、泸沽湖周边遗址。所发现的新石器有石刀、石斧、石镞、石碓、石锛、石凿、石网坠、石矛、钻孔石刀及骨针等。最显著的是，此时的金沙江上游地区，已开始有细绳纹夹砂陶片出现，且具有浓厚的草原特色。

石锛

戈登洞穴遗址

戈登村位于金沙江上游西侧的喇普河畔。该地现属云南省迪庆藏族自治州维西县，是纳西族支系玛里玛沙人的聚居地。1958年，考古工作者在喇普河东岸一个高台石穴内，出土磨光圆柱形石斧2件、长方形单孔磨光石刀1件、半月形单孔石刀1件、鹅卵石长方形石刀1件，石镞、石碓、夹砂灰褐色陶器若干件，报道了纳西族居住地新石器文化及陶文化的先声。

热水塘村遗址

自20世纪80年代以来，原丽江县金沙江沿岸的巨甸、石鼓、九河、大东热水塘，及宁蒗县金锡、四川省盐源、永胜县马年河等地连连发现新石器文化遗址。其中，以热水塘遗址最具代表性。

热水塘村遗址最先由白庚胜发现，并经赵净修组织文物工作者于1982年正式发掘，出土50万年前的鹿类动物下牙床1块，复于1984年出土若干古生物化石及火炭灰烬，另采集到11件新石器遗物。它们包括石斧9件，石锛、石凿各1件。在附近地区，还发现一些夹砂陶片。从其形制及加工技术看，这些石器与元谋大墩子出土的器物相似，而陶器则与川西、滇西一些石棺葬中所出土的器物无异。

泸沽湖周边遗址

泸沽湖位于滇川交界，是纳西族支系纳日人的居住地，无论在云南境内的宁蒗县，还是在四川省境内的盐源县，都有丰富的新石器文化遗物出土。如永宁镇开基村遗址、阿拉瓦、三家村、干木山麓及金沙江边的拉伯乡等出土有众多的“雷公石”，即石斧、石锛、石网坠、石矛；乌丘乡前所河左岸二级台地与格萨村台地发掘出大量陶器、铁器、铜器、石器。有关陶器呈细绳纹状，铜器分别为铜剑1柄、铜矛1支、铜鞘头1件、铜钺1件，铁器为铜柄宝剑1柄等，显示出其冶金技术的滥觞，以及与德钦永芝、晋宁石寨山、博瓦金属文化的千丝万缕联系。

石棺葬群落

石棺葬在纳西族居住区分布广泛，并以金沙江两岸最为集中，形成了一个巨大的群落。它的基本特点是：采用埋葬方式；既有单人葬，也有多人葬；墓中多放置陶罐及炭屑、石镞、石杆、铜矛、铁镞、铁剑、铜镜、海贝、镯子、铜铃、削、铜钺等物；墓室由若干块红色砂岩石板构成，一般置于前后左右，并盖于顶部，但无底板；其墓穴大都长100—200厘米、宽深各40—60厘米，取南北向或东西向。金沙江上游的石棺葬以大具、格子、红岩、马鞍山遗址最具特点。

大具石棺葬

大具处虎跳峡出口处，海拔1 800米，历来为纳西族所居住，到清中叶“改土归流”之后才有汉族移住该地。其石棺葬遗址位于距金沙江约200米高的台地上，内有人头盖骨、炭屑、陶罐，以及石镞、石杆，似与二次葬有一定联系，距今当3 000年左右。

格子石棺葬

格子处玉龙县石鼓镇与巨甸镇中心点，地势平缓，为金沙江

石鼓格子石棺墓群出土文物

上游河谷台地，并高于江面150—200米，大多呈数层叠压状，所出土者有铜矛5件。它们为柳叶形刃、圆筒形骹、直贯刺尖并有对称半环耳，有三角及划纹等纹样，刃宽2.8—3.6厘米，长17—20厘米，骹径2—2.5厘米；短剑3件，呈直刃、三角状，由刃至茎逐渐扩张，剑格突起，有脊，长12—23.3厘米，刃宽2.4—4.1厘米；陶器有Ⅰ型2件，系夹砂灰陶，上有黑衣，薄胎打磨，比较光滑，两侧有对称宽耳，底有麻布纹，腹有水波纹，并附加堆纹；Ⅰ系2件，为混质红陶，口与底较大，耳较短，陶胎较粗糙，腹部较直，底平，高6.5厘米，口径6厘米，腹径8.6厘米。所发掘海贝有磨痕，并穿孔。

三仙姑村石棺葬

三仙姑村位于格子以南13千米处，现属玉龙县红岩乡，曾于1983年在一个高出金沙江面约200米的山丘上发现一处占地约300平方米的石棺葬遗址，出土铜矛、剑、镯、陶器、海贝等物。最有特点的是所出土的青铜剑两面利刃、中线起脊并“山”字形凸起、空心翼、螺旋纹茎、作椭圆状、通长32.2厘米、与祥云县大那波出土的青铜剑较为接近的宝剑，并属洱海区域文化类型。

马鞍山石棺葬

马鞍山位于丽江古城以西4 000米，又叫文笔山，于1983年发掘一批青铜器。它们共33件，既有兵器，又有生活用具及车马饰，如剑、镞、削、马衔、铜泡、铜环等，另有泥质红陶及夹砂灰陶，呈厚唇、薄壁、光滑状，部分有黑衣。该墓葬海拔2500米，高出山下村庄50米。其地层皆为沙土鹅卵石，并有一水平线贝壳层分布，可知此地曾经是湖泊。在这个遗址中，最主要的发现是数十粒绿松石珠。据当地村民介绍，这里曾发现过铜鸡模型、铜饰猪纹样及金箔。这表明除草原文化外，它还深受滇文化的浸染，而且猪、鸡等的饲养已经比较发达。其时当在西汉。

奉科“蜀郡铁锸”

“铁锸”就是铁锹，做挖土之用。“蜀郡”即现今四川，在秦朝统一中国之前即已建立。1982年，在现今玉龙纳西族自治县奉科乡达增村岩浦自然村一个高出金沙江面600米的高台上，发掘有关铁器4件。其上皆铸有“蜀郡”2字。其中部、肩、刃部皆空，右脊有孔，面部呈梯形，后部平阔，属典型的蜀郡器物，与曾出土于邻近四川的昭通及四川省木里藏族自治县博瓦等地的相关器物类似。从中可以看出，当时的丽江一带与巴蜀地区存在密切的政治、经济、文化联系。

奉科“蜀郡铁锸”

聖旨
忠義
木府

第三章
历史纳西

纳西族作为历史民族登上舞台的起点可推及三国时期。晋人常璩在《华阳国志》中称：定筰“县在郡西，渡泸水，宾刚徼，(曰）摩沙夷”，首次提到纳西族先民“摩沙夷”。自此以后，或记作“摩挲”“摩娑”，或写为“麽些”“末些”“麽西”，但读如Moso的纳西族他称或官称就相沿不断，一直沿用到新中国成立之初。

历史概述

历史亦即有文字记载的族群活动史。而在此之前，人类所拥有的不过是由口语、文物、习俗、宗教信仰等所传承的无文字社会历史。纳西族作为历史民族登上舞台的起点可推及三国时期，晋人常璩在《华阳国志》中称：定筰“县在郡西，渡泸水，宾刚徼，(曰）摩沙夷”，首次提及纳西族先民“摩沙夷”。自此以后，或记作“摩挲”“摩娑”，或写为“麽些”“末些”“麽西”，但读如Moso的纳西族他称或官称一直沿用到新中国成立之初。直到今天，还有一个纳西族支系被他称为“摩梭人”。当然，后来的纳西族是一个以Moso为主体的复合体，在三国时期，即已经有“牦牛夷”“筰人”“白狼”等羌人后裔汇合于其中，更遑论后来不断有土著居民及部分普米、彝、傈僳、藏、白、汉族成员参与其中。

忠义坊

◀ 永宁土知府

自此以后，纳西族先民除部分留守川西故地之外，大部分分头向西发展。至唐代，已有一部分进入现今云南香格里拉市三坝纳西族乡，一部分攻占云南丽江，一部分继占领泸沽湖边之后继续西指直至在现今大理宾川县建立越析诏。那部分驱赶走濮獬蛮者成为玉龙山麓的新主人，建立起三甸总管府；一部分则在金沙江上游的巨甸、石鼓一带左右逢源于南诏、吐蕃、大唐，建立起神川都督府、铁桥节度。

宋代，大理国取代南诏，各地纳西族先民各自为政，有的“摩挲大酋”继续称雄于巨津，有的处在朝廷羁縻之下，如贺头甸、盐源、建昌摩挲诸酋，有的力量日强、几达到足以与大理国相抗衡的地步，被宋仁宗封为“武英侯”，从而蓄积起强大的政治、经济、军事力量，并创制了“本方文字”，建立起东巴教体系。

元代是纳西族先民历经唐宋两朝独立或半独立发展之后重归中央王朝统治的关键时期。由于忽必烈的革囊渡江，以及摩挲首领阿良的迎助，大理国政权被荡灭，使丽江路军民宣抚司得以成立。其行政格局从此保持长期稳定，周边白族政权、藏族政权的长期威胁至此完全消解，独立的民族意识、民族精神、民族文化于斯逐渐形成。不过，由于盐源、闰盐、金县等地归属四川行省，丽江等地归属云南行省，纳西族语言文化的东、西两部存在发展亦从此开始，并再也没有获得过统一与整合的机会，以致今

纳西族自治县成立50周年庆祝活动

天的四川境内的纳日人已改属“蒙古族”，而云南境内的纳日人则虽仍留在纳西族之中，却一直有独立成族的诉求。

在明代，纳西族土司统治盛极一时，不仅云南丽江建立有强大的木氏土司统治，而且在永宁、蒗渠、永胜、盐源也纷纷建立起各种级别的土司府，无论政治、经济、军事、文化都获得了空前的发展与繁荣，为祖国西南边陲的安定做出了重要贡献。

清雍正年间的纳西族地区一仍旧制，到1723年“改土归流”才出现新气象，丽江的土司统治终于被流官政治所代替。汉文化教育全面推进，汉族移民大量涌入，汉族习俗的强行推广等，使纳西族地区与内地的一体化全面加强，土司统治及传统文化仅在川滇交界地区苟延残喘，并岌岌可危。

至民国，丽江等纳西族地区始披现代文明之曙光，并在白话文运动、重九起义、倒袁护国、抗日战争、解放战争中多有不凡的表现，在发展民族资本主义、推行新式教育、振兴地方实业等方面领风气之先。同时，其独特的东巴文化、丽江古

东巴文化博物馆

乐、丽江古城等引起全球性的关注，为20世纪下半叶的历史转折奠定了坚实的基础。

云南社会科学院东巴文化研究院

新中国成立以来，纳西族的生存发展获得根本保证，纳西族自治县的成立、纳西族民族自治条例的制定并实行、纳西族文字方案的公布、纳西族社会历史调查及其民族识别的实施、东巴文化博物馆及研究院的成立、国际东巴文化艺术节的举行、国际纳西学学会的成立等等，都成为纳西族从历史民族成长为现代民族、纳西族社会从传统社会跨入现代文明社会的重要标志。而这一切，都是在中国共产党的领导下、在社会主义制度内、在马克思主义民族理论的指导下实现的。历史已经雄辩地证明，只有跟着共产党走，只有坚持民族平等团结的正确原则，只有维护国家统一与世界和平、人类进步事业，纳西族才有光辉灿烂的未来。

地方政权

白狼国

它是东汉时期纳西族先民白狼人建立的奴隶制方国，或称部落联盟，位于现今四川省西部，其地为雅砻江以西的白玉、新龙、雅江、巴塘、里塘一带。它一直与中原王朝保持着良好的关系。《西康建省记》称："康南之巴塘为古白狼国。后汉和帝时旄牛徼外白狼、楼薄蛮夷内属，而里塘在巴蜀之东，距旄牛徼近……其同巴塘内属无疑。"当时，该国已有唐菆这样"素为夷人所信服"的首领。据《后汉书·西南夷列传》记载，到东汉明帝时，“白狼等百余国，户百三十余万，口六百万以上，举种奉贡”，并留下《白狼歌》三章。据记载，白狼人起源于青海省果洛地区，又称大戎白狼，与猃狁关系密切，属西羌族群。正如《北朝周书》所称：“白兰（狼）者，羌之别种也。”他们以狼为图腾，至东汉时才迁居川西地区，其后与牦牛夷等相融合，成为现今纳西族的先祖之一，并在公元74年至公元100年间先后三次归附中央王朝，其中一部分于9世纪后同化于吐蕃社会。2012年，四川省雅江县郭岗顶遗址元代寺院窑藏中出土大量9世纪时的白狼人陶俑，成为白狼人及其方国曾经在此存在的铁证。经方国瑜等考证，白狼语属汉藏语系藏缅语族彝语支语言，为古纳西语，其崇拜犬之古俗在现今纳西族中仍有遗存，《白狼歌》中白狼王好“食肉”“衣皮”的情况与当今的纳西族生活习惯仍多一致。

越析诏国

又称磨些诏，为唐代由纳西族先民在今大理州宾川县所建立的部落联盟，属南诏六诏之一。当时，它“地最广，兵最强，素为南诏忌”，最终被南诏所灭。具体为：唐设越析州，以越析诏王世袭其刺史，但南诏豪酋与越析诏王波冲妻通奸并杀害波冲引起朝廷震怒，遣剑南节度使将张寻求召至姚州以杀之。由于群龙无首，越析诏只好连同土地人民均一并归附南诏。由此，引发波冲之侄于赠等的反抗，且与部众渡金沙江至龙佉河建邑，但不久即被南诏派兵讨伐，以致赠投江而死，所剩3万余户族人则被迁徙至滇池周边地区，使越析诏国遭受灭顶之灾。

花马国

其地在现今玉龙县巨甸镇、石头乡、石鼓镇、龙盘乡、金庄乡、鲁甸乡、塔城乡一带。它为宋时众多“麽些大酋长”政权之一。其性质为奴隶制军事联盟，因当地有花马山而称之。其地处“大理西北陬要害地，麽些大酋世居之”，虽在名义上臣属大理国，其统治者蒙醋醋却具有雄才大略，乘吐蕃重归内部混乱及大理国日渐式微的良机，致力于金沙江两岸林立部落的统一，完成了东巴文字的创制及东巴教的形成。

迎元军革囊渡江

元世祖忽必烈于1253年率领元军进攻云南，目的是翦灭大理国，然后迂回包围四川，最终夺取中原。当时，面对元军横扫所经之地的一切抵抗力量，纳西族先民大首领阿良采取了非战迎降的策略，“良迎兵于剌巴江口，锡赍甚厚，宠渥优礼，将授职茶罕章管民官……遂破巨津州半空和砦，生擒叛贼阿塔剌，功升茶罕章宣慰司”（《木氏宦谱》）。七年之后，忽必烈当上元朝皇帝，先后授予阿良“副元帅”“提调诸路统军司”“金紫光禄大夫统军司进开府仪同三司”。

紧接着，茶罕章管民官于至元十三年（1276）改置丽江路军民总管府，至元十五年（1278）复改置丽江军民宣抚司，“于通

纳西首领阿良迎接元军渡江处

安、巨津之间……领府一、州七，州领一县”。所指为北胜府、顺州、蒗渠州、永宁州、通安州、宝山州、巨津州、兰州、临西县。其中，北胜府、顺州在今丽江市永胜县境内，蒗渠州、永宁州在今丽江市宁蒗县境内，通安州为今丽江市古城区，宝山州、巨津州为今丽江市玉龙县，兰州为今怒江傈僳族自治州兰坪县，临西为今迪庆州维西县。这是“丽江”第一次作为行政区划名称出现在中国版图，由此也开始了木氏土司世袭统领滇西北地区的历史。

丽江府

明太祖于洪武十五年（1382）改丽江路为丽江府，1397年复改置丽江军民府实行土知府自治，以表彰木氏首领阿得在全滇诸土官中“率先归附”之功。按明朝体制，丽江府官职分设军政两个系统：知府、知州、知县属行政系统，千户、副千户、知事、照磨属军事系统。因是土知府，木氏还另设了一套指挥系统，即大头目、中头目、小头目，大把事、军理、管军；在衙门则有把事、通事、登答、文书；在管军下设爪阿、本绥。《皇明恩绾录》对此有如下记载，朝廷颁“圣旨”曰：“大军既临，渠魁以获。尔丽江土官阿得率众先归，为夷智识，足见摅诚，今命尔木姓，从听总兵官傅拟授职建功。”在赐姓为木姓之后第二年，木氏又获得颁旨：“授尔子孙世袭土官知府，永令防固石门，镇御蕃鞑。”如此世袭，至清雍正元年“改土归流”共传18代，约370年。其势力范围遍及现今丽江市、迪庆藏族自治州、怒江傈僳族自治州全境，以及四川凉山彝族自治州、甘孜藏族自治州部分地区、西藏部分地区、缅甸北部部分地区。其政治、经济、文化都十分发达，有“丽江于诸土酋中传世最远”之誉，且“其地土广大，产金，富厚不赀”，“其酋世尽臣职，为国家制吐蕃，捍西戎”，并赐建“忠义坊”，受赏无算，获嘉奖比比。

丽江军民府所领州县为四州一县，分别是通安州、宝山州、兰州、巨津州、临西州，大抵与元代相当，只是此时的永北已单独设府，后归澜沧卫。

丽江“改土归流”

清雍正元年（1723），清政府在丽江地区废除土司统治，改以流官政治，将丽江土知府改为流官知府，从根本上推翻了纳西族木氏土司对本民族以及邻近民族的统治，使丽江府直接置于中央王朝的统治之下，极大地解放了生产力、改革了生产关系，调整了民族关系，改进了生产技术，兴办了学校教育，并始开科举考试之风，进行移风易俗，开放汉族移民。诚如魏源所称：它“功在西南，至今百年享其利”。

当然，丽江“改土归流”也有一些负面影响，主要是对纳西族固有文化进行了强制性改造，使纳西族的社会发展逻辑发生转换，纳西族的民族精神受到一定程度的伤害。由是，绵延470年之久的木氏统治在滇西北地区宣告结束，其土司从第十八代起被降为土通判。

木氏土司

土司即中央王朝掌控下的少数民族政治统治。木氏土司指从元至明、清三代领衔云南省丽江路或丽江府的纳西族木氏土司。如果从阿良迎降元军并被封丽江路茶罕章管民官算起，至清代雍正元年丽江改土归流时木氏最后一个土司木钟被贬为土通判，共历22代470年。作为一支积极有为的政治力量，这些土司大都虚心好学，能文能武，忠君爱国，拥护统一，发展经济，深受朝廷信任，仅在明王朝就受封官赏爵达28次之多，凡金银、珠宝、田庄、金腰带、金带、金盾牌，以及“乔木世家”“西北藩篱”“忠义”“诚心报国”“位列九卿”等匾额，以及所授大夫、布政使司、参政等头衔比比皆是。木氏土司对朝廷的进贡也屡见不鲜，仅《明实录》中就有18次，还参与了许多平定内乱战役以及对缅甸等地的征讨。其中的木泰、木公、木高、木青、木增、木靖等六公更是文治武功彪炳，留下大量的诗、词、歌、赋、文、书法、绘画佳作，建造了丽江古城及五凤楼、护法堂、琉璃殿、大宝积宫、忠义坊等精美建筑，遗留下丽江古乐、白沙细乐、东巴经典等文化遗产，稳定了元明清三代滇川藏交界地区的社会秩序，成为祖国西南边陲和平、安宁的捍卫者与建设者。虽然木氏土司在辖区内的阶级压迫与民族统治也十分残忍，但从总体上讲功大于过，在早中期尤其是这样。

阿良

又称麦良，全名阿琮阿良，生卒年月不详。《木氏历代宗谱碑》称，“宋理宗宝祐元年（1253），元世祖亲征大理，良迎兵于剌巴江口，功升茶罕章宣慰司，升授副元帅，赐节钺虎符金牌一面”，被元世祖至元中加授银印，提调诸路统军司。“郡夫人阿室先，生胡、节、耐”。“其所属者越析郡、柏兴府、永宁府、北胜府、蒗渠府、罗罗斯、白狼、槃木、夷、獠等处地方无不管束”。与他一道主动迎降的纳西族首领还有永宁地区的和字、中甸（现今香格里拉）地区的唆火脱因、塔里马等首领，而打郭寨首领、半空中寨首领等则被一一征服。阿良的主要功绩是巧借蒙古人的力量，实现了对“酋寨林立、互不统摄”的纳西族社会的初步统一，并开创了纳西族土司统治的雏形，使纳西族地区第一次在严格意义上归入统一的中华民族大家庭，成为祖国版图的有机组成部分，使丽江一带出现了“民田万顷”“地土肥饶，人资富强”的景象，并有王升父子开始兴办汉学教育。

木氏三世祖阿琮阿良巧借蒙古人的力量，实现了纳西社会的初步统一

阿得

为阿良第四代孙，生于1311年，卒于1390年。全名阿甲阿得，字自然，号恒忠。“洪武十五年（1382），天兵南下，得率众首先归附、进贡。钦赐以木姓，世袭土官知府职，并授中顺大夫。”他于元末任通安州知州，后升为丽江路宣抚司副使。在1382年傅友德、蓝玉、沐英率明军征伐云南之际，他审时度势，焚元朝符篆，遣使赴京上图籍内附。在明军攻打大理时，他又归附助战，受到傅友德的高度评价并上奏朝廷。故而，朱元璋下诏曰：“尔丽江官阿得率众先归，为夷风望，足见摅诚，且朕念前使奉表，智略可嘉，今命尔木姓，从总兵官傅拟授职建功。”此后，木得于洪武十六年起先后随明军攻克佛光寨、击退西番大酋对白浪沧的进犯、摧毁北胜府并生擒高生、攻破石门关及铁桥城后于九月赴京朝觐，先后授诰命一道及丽江军民府世袭土知府、中顺大夫，另受赐“诚心报国”金花带、彩缎表里衣冠。其后，木得复令长子木初征捕滇西刀氏、率长子木初平叛巨津州叛乱，成为“固守石门、镇御番鞑”之悍将。

木氏七世祖木得。他是丽江府第一任土知府

木得是丽江府第一任知府，也是第一个使用汉名、汉姓、字号的纳西人。他深明大义，因势利导，机智灵活，继承阿良以来忠君爱国的传统，维护祖国的统一，并在云南土官中作出表率，使丽江土知府在后来成为与蒙氏（魏山）土知府、元江土知府并称的云南三大土知府之一，对木氏“知诗书，好礼守”“土地广大”“传世最远”，起到了奠基作用。

和志强

生于1934年10月，卒于2007年3月，云南省丽江市古城区束河镇开文村人。他于1956年毕业于西南地质学院并参加工作，到1958年任云南省工业厅勘探队技术员、技术负责人，被授予云南省“先进工作者”称号。此后，他一直在云南省地质系统工作，至1979年被选为中共云南省第三届委员会委员、云南省地质局副局长，副总工程师；1983年至1985年任云南省副省长兼省科委主任、党组书记；1985年至1998年任中共云南省委副书记、第六、七、八届省政府省长，是中共十三届中央候补委员、第十四届中央委员，第九届全国政协常委。

原云南省省长和志强

和志强具有较高的地质理论水平和较丰富的实践经验，为云南的有色金属、非金属、稀有金属普查勘探做出过重大贡献。在省政府工作期间，他始终坚持以经济建设为中心，坚持从云南实际出发，制定符合云南省情的经济、社会发展战略，积极推进“两烟”、矿产、电力、旅游、生物资源开发，大力加强水利、公路、铁路、航空、通信、能源等基础设施建设，为云南的经济社会可持续发展奠定了坚实的基础，大力促进发展了云南同周边国家的经济贸易关系和友好往来。他作风正派，坚持原则，严于律己，生活俭朴，顾全大局，善于谋划，勤奋工作，维护了云南的边疆稳定、社会和谐、民族团结、经济繁荣。

作为纳西族的优秀儿子及丽江籍干部，他一直关心家乡的社会发展进步，就发展旅游、抗震救灾、丽江古城世界遗产申报、东巴古籍译注全集出版、三江并流区世界自然遗产申报等做出过一系列批示及资金支持。因而，在他于2007年逝世2008年4月移灵至故乡时，有上万名各族群众迎接其魂归故里，称其“树正气光明磊落鞠躬尽瘁谋发展勋传千秋，为兴滇呕心沥血运筹决策展雄才功在三迤”。

纳西
东巴文化展
Naxi Dongba Culture
Exhibition

第四章
文化纳西

纳西族以文化立族，她不仅独立创造了自己的文化体系，而且还广泛吸收汉文化、藏文化，以不断丰富自己的精神宝库，在共享中华文明、人类文明的同时，又为周边民族文化、中华文化乃至人类文化做出了独特的贡献。纵观纳西族文化，它体量庞大、内容丰富、结构多元、品质高雅，并且前期以“生”为核心，中期以“战”为核心，近期以“和”为核心，表现出开放、包容、进取的特点，以及生生不息的生命力、创造力。

纳西族以文化立族，她不仅独立创造了自己的文化体系，而且还广泛吸收汉文化、藏文化，以不断地丰富自己的精神宝库，在共享中华文明、人类文明的同时，又为周边民族文化、中华文化乃至人类文化做出了独特的贡献。纵观纳西族文化，它体量庞大、内容丰富、结构多元、品质高雅，并且前期以“生”为核心，中期以“战”为核心，近期以“和”为核心，表现出开放、包容、进取的特点，以及生生不息的生命力、创造力。文化之发展来源于教育之发达，纳西族也不例外。她之所以拥有大批世俗的与宗教的精英人物，富集本民族的与汉藏两族的文献典籍，通用东巴文字、哥巴文字，还兼修汉文、藏文，在滇西北各种文化之间游刃有余，能够在坚守传统中与时俱进、与世界对话，完全有赖于她拥有自己发达的家庭、社会、学校教育。同时，众多的文人墨客灿烂的文化成果，又为教育提供了优质的师资及教学内涵，并使受教育者具备了新的文化创造力、兼容力、转换力。

东巴文

东巴文亦称“纳西象形文”，因纳西族东巴教祭师用其书写经典而得名。其实，纳西族传统文字中还包括哥巴文，只因它大多为东巴文的变体、简体，并常常与东巴文混合使用，用它单独书写的经典数量有限，故不在此单独叙述。

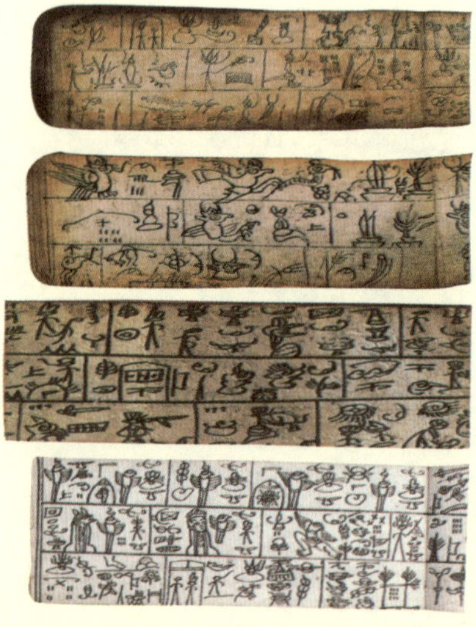

不同书写风格的东巴图画文字

东巴文有 1 400 多个单字，其特点是“见木画木，见石画石”，所以又被称作“图画文字”。在文字发展史上，它还没有进入到音形义固定、抽象性较强的“象形文字”阶段。但也正因为如此，它具有特殊的文字学意义，还可以作特殊的图像学审美，是迄今为止“世界上唯一还活着的象形文字”。东巴文在造字上兼具象形、指事、会意、形声、转注、假借等特点，书写时基本按从左至右的段节进行，但在一个段节内并不按从上到下或左到右的线性作排列，而是按文字所指事物之空间分布作布局。如，“天”写上，“地”写下，“男”写左且高、“女”写右且矮等等。它还常常着色以区别意义。如，以加黑色表示恶、大、剧烈、猛烈，以加红色表示热烈、喜庆，以加绿色表示生命力，以加黄色表示高贵等。东巴文书写于纳西族祭师自造的“白地纸”上，亦书写于祭祀用的木牌上。2003年，联合国教科文组织已将其列入“世界记忆遗产”名录。

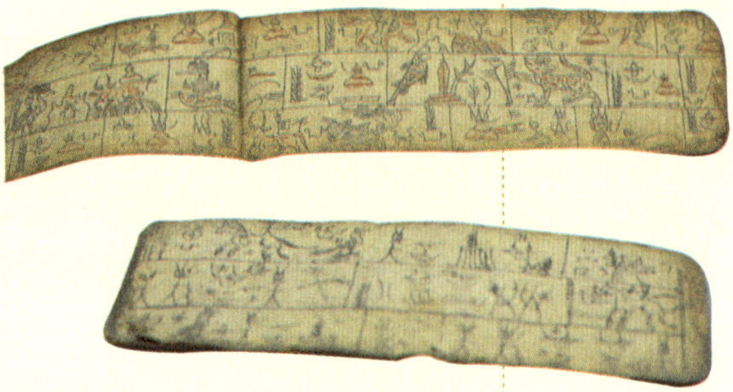

▲

东巴文字有1400多个单字，其特点是“见木画木，见石画石”

东巴经典

用东巴文写成的纳西族东巴经典共1 000多种，凡天文、历法、医药、民俗、政治、经济、军事、社会、历史、哲学、宗教、工艺、文学、艺术等无所不包，堪称“纳西族古代文化的百科全书”。

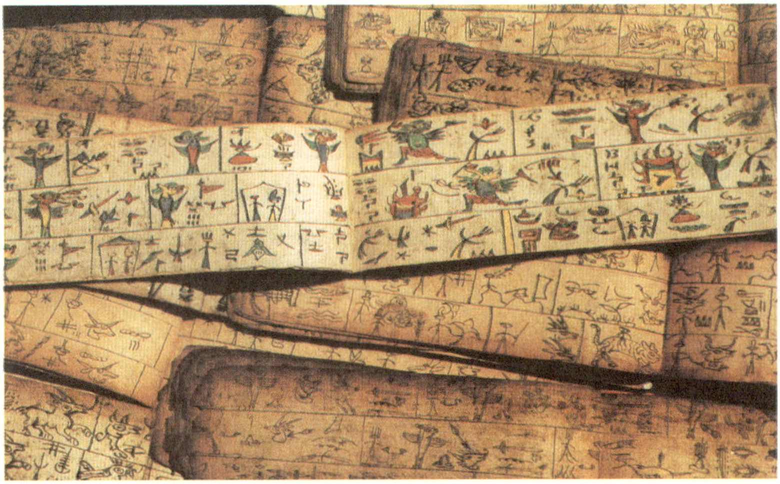

◀ 这样的经书幸存至今的有数万册

云南社会科学院东巴文化研究所主持翻译的100卷《纳西东巴古籍译注全集》

东巴经一般按东巴教仪式区分为祭天、祭地、祭署、延寿、除秽、祭猎神、祭五谷神、祭畜神、祭祖先、祭家神、求嗣、驱鬼、放替身、祭胜利神、祭水怪、祭战神、祭护法神、祭风、祭短鬼、开丧、占卜、规程、零杂经等20多类，保存至今者有计26 000多册。在国内，分别收藏于北京、南京、台北、昆明、丽江、维西、香格里拉等地；在国外，分别收藏于美国、英国、德国、荷兰、西班牙、意大利、瑞士等国家，尤以美国为甚。

李霖灿著《麽些研究论文集》书影

方国瑜著《纳西象形文字谱》书影

对东巴古籍的翻译自19世纪60年代即已经开始，最具规范者当属云南社会科学院东巴文化研究所主持翻译的《纳西东巴古籍译注全集》。它共计100卷，已由云南人民出版社于1999年全部出版。对东巴经典的研究已经有法国学者巴克的《麽些文化》、德国学者雅纳特的《纳西手写本目录》、英国学者杰克逊的《纳西族的宗教》、美国学者洛克的《开美久命金的爱情故事》等15种、日本学者西田龙雄的《活着的象形文字》、日本学者伊藤清司的《日本神话与中国神话》、日本学者黑泽直道的《纳西族的利恩故事》，以及我国学者方国瑜的《纳西象形文字谱》、李霖灿的《麽些经典译著六种》《麽些经典译注九种》《麽些象形文字字典》、和志武的《纳西东巴文化》

《东巴经典选译》、李国文的《东巴文化辞典》《东巴文化与纳西哲学》、白庚胜的《东巴神话研究》、王元鹿的《汉古字与纳西东巴文字比较研究》，喻遂生的《纳西东巴文化研究丛稿》、戈阿干的《祭天古歌》《东巴神系与东巴舞谱》、和万宝的《东巴文化艺术》、木丽春《东巴经故事集》《东巴文化揭秘》、丽江县文化馆东巴经典翻译石印本24部、杨福泉的《原始生命神与生命观》、傅懋勣的《丽江麽些象形文〈古事记〉研究》《纳西族图画文字〈白蝙蝠取经记〉》、郑飞洲的《纳西东巴文字学术研究》等，共计300多种，而且其研究中心已逐渐转移到中国。

▲

白庚胜、杨福泉编译《国际东巴文化研究集粹》书影

巴格图

“巴格”在纳西语中是“神圣”之义，也有人认为是“神龟”之义。它被视作宇宙推演图，其中分四方、八位，凡断生死、判吉凶、问因果、起房盖屋、婚丧嫁娶都离不开它，类似于汉族的八卦图，因而也有人认为“巴格图”就是“八卦图”的变音。巴格图在东巴画中被绘于纸张、布幅或皮革之上，其图案为：一只龟头朝南尾朝北、张开四只爪趴在地面，一支箭从东向西贯穿于龟身，其中箭头朝西、箭尾在东，分别表示北方为水、南方为火、东方为木、西方为铁（金）、中央为土。对此，东巴神话中有相关解释：

▲

白庚胜著《东巴神话研究》书影

人祖从天而降后生下三子，但都患有重病，只好派白蝙蝠去天界求取占卜治病之法。天神让白蝙蝠带回经书，白蝙蝠却出于好奇在神山顶上打开经箧，导致内中的经叶被神风刮至神海中为神龟所吞食。人祖只好请神射手将神龟射死，并取回经

◀ 东巴教中的巴格图

书给三个儿子治病。这一射，神龟死尸便如东巴绘画中之所见，成为现今的巴格图。有的东巴神话还称这只神龟在死后还化生出了三百六十顶宝帽，显然是将其进一步向八卦图化演进：将其与五行五方五色十天干十二地支结合之后，继续与三百六十爻相对应。

《木氏宦谱》

严格讲，除了汉文正史与野史中的零星记载之外，纳西族并无严格意义上的历史著述。《木氏宦谱》及与之相关的《木氏勋祠自记》《木氏六公传》《木氏宦谱图像世系考》《木氏历代宗谱》碑、《木青传》《木公传》《木东传》《木氏序系排行之图》《云南木大夫生白忠孝记》《皇明恩纶录》《亲供》等木氏家谱及宦谱便成为难得的文献。它们虽以木氏为叙述主体，但牵及纳西族古代社会的各个方面，以及与中央王朝、周边民族的政治、经济、军事、婚姻、社会、文化复杂关系，从而具有全民族历史文化的意义。其中，又以《木氏宦谱》最具代表性。

《木氏宦谱》于明正德年间由木公编纂，书端题《玉龙山灵脚阳伯那木氏贤子孙大族宦谱》，有张志淳序一篇、杨升庵后跋一篇。在明崇祯年间，木增补纂本上有朱桂林重序一篇，另由梁之杰作订撰。其谱分为三部分：第一部分所述为人类起源、民族起源、氏族起源；第二部分所述相当于木氏口传史，时当唐宋之期；第三部分为元、明、清三代木氏谱系，历历可循，最为真切，并与《明史》《明实录》等所载内容一一对应。

知识链接 **麦琮** 麦琮生活于南宋理宗年间，在《木氏历代宗谱》中被奉为木氏第十六世祖，称他“生七岁，不学而识文字。及长，推诚服众，敦德化人，且制本方文字。谙禽兽等语，善阐国、乌斯藏等界共戴为生知圣人。正妻阿室丘，系陶羡氏戟女”。虽然难以断定他七岁不学而识之字是否为东巴象形文字，但所创“本方文字”肯定是纳西族东巴文或哥巴文之一。故知麦琮在纳西族文化史上具有与仓颉比肩的造字圣祖地位及意义。而他的儿子阿琮阿良则是审时度势、迎接忽必烈大军“革囊渡江”，使纳西族地区重归祖国版图的开明土酋。

丽江版《甘珠尔》

《甘珠尔》与《丹珠尔》齐名，是藏传佛教最重要的经典，共108卷，于明末天启三年（1623）由纳西族土司木增出资刊刻完成，并于康熙三十七年（1698）被和硕特蒙古军事头目达尔杰博硕克图汗劫掠至理塘存放，故又称之为理塘版《甘珠尔》。目前，这部丽江版《甘珠尔》完好保存于拉萨大昭寺，成为纳藏文化交流的友好象征。据有关学者考证，丽江版《甘珠尔》以《蔡巴甘珠尔》为底本，与其永乐版、万历版同出一式，主持编纂、校订事务者为噶玛巴红帽系活佛曲吉旺秋（1584—1635）。在该版藏文序言中有如下内容："应章·三睒土王噶玛米庞才旺索南饶登之邀，迎请《甘珠尔》佛经雕版供养，广利众生。噶玛活佛曲吉旺秋莲台座下佛光普照，成就因缘。时在年木虎年也。"这里，"噶玛米庞才旺索南饶登"是木增之佛教法名；"木虎年"即1623年。

达巴经典

纳西族支系纳日人传统宗教称"达巴教"。其经典大都为口诵经，抢救保存于《摩梭达巴文化》一书之中，共48部、60篇（章），计80多万字。其内涵丰富，涉及民族渊源、迁徙历史、风俗礼仪、宗教、哲学、社会、经济、医药、天文、历法、文学、艺术等各个方面。其中，较出名的有《斯布土》《尤补》《日木古布》《杂部》《奇那干》《那梯部》

纳日人的达巴经书

《初垮敌》《今补》《匕补》《秋巴干》《恰补》《本补》《办窝普》《优佳优里》《汉开》《尧米》《冒打》《斯克》《秋多》《梦经》等。

另外，纳日人也有部分用象形文字书写的经典，但数量有限，目前仅发现数件，并且都局限于历法、星算、占卜及祭祀龙王经典，内容相对简单一些。

《丽江白话报》

它由丽江府最后一任知府彭继志创办于1907年（光绪三十三年），主编为白族先贤赵式铭，助理为纳西族学人和积贤，主要撰稿人为精愚（赵式铭笔名）及纳西族留日学者周兰屏。《丽江白话报》由“丽江府活字版制造局”，又称“丽江印书馆”印制，采用鹤庆白棉纸印刷，在全省各府、厅、州、县发行。其内容大都宣传爱国救亡、维新思想，鼓吹开办实业、富国强兵，提倡白话文，反对封建迷信，以培养读者之“新理想、新知识、新道德”为目的，对丽江纳西族地区的文明进步起到了积极的推动作用。它早于内地许多地区多年提倡白话文更属难能可贵，标志着丽江各族人民敢为天下先、与时俱进，在时代的发展中发展自己。遗憾的是，因种种原因，它仅仅刊行7期就画上句号。

国际东巴文化艺术节

经国家文化部批准，由云南省丽江行署主办、丽江县人民政府承办的首届国际东巴文化艺术节于1999年10月15日至20日在丽江举行。其宗旨为“发展、和谐、团结”，计有500位纳西古乐老人、2 000多位民间艺人、100位东巴学人、16个国家和地区的300多位专家学者参加。

东巴文化艺术节内容包括：一、《东巴魂》大型团体表演开幕演出；二、首届国际东巴文化艺术学术讨论会；三、“游子艺术团”系列演出；四、东巴美术展览；五、白地东巴文化艺术展览；六、东巴教“祭天”“祭风”“祭署”仪式；七、成立国际纳西学学会；八、成立纳西族民间艺人协会；九、纳西族民歌系列表演；十、纳西族歌舞系列表演。艺术节对纳西文化艺术作了全方位展示，对一个多世纪来国内外纳西文化艺术研究成果进行了全面回顾，将当前的纳西族文化艺术创作、研究、表演、推广力量作了大整合、大凝聚，对新世纪的纳西文化艺术发展方向及前景作了大规划，从而振奋了民族精神，唤醒了纳西族文化自觉，增强了丽江各族人民的文化自豪感。本届艺术节总策划为白庚胜，他亦被公推为首任国际纳西学学会会长。

天威咫尺

第五章
文物纳西

纳西族人口虽少但历史悠久、文化灿烂，故而拥有丰富的文物。这些文物主要表现为古摩崖石刻、古碑刻、古文献、古建筑、古器物五大类，并与考古文物、宗教场所等相交叉。像丽江古城、东巴经典还获得了世界遗产称号，为中国在全球赢得了荣誉，也增强了纳西族的文化自尊与文化自豪，使文化立族变成活生生的现实。

纳西族人口虽少但历史悠久、文化灿烂，故而拥有丰富的文物。这些文物主要表现为古摩崖石刻、古碑刻、古文献、古建筑、古器物五大类，并与考古文物、宗教场所等相交叉。像丽江古城、东巴经典还获得了世界遗产称号，为中国在全球赢得了荣誉，也增强了纳西族的文化自尊与文化自豪，使文化立族变成活生生的现实。

摩崖石刻

纳西族地区的摩崖石刻并不多，却也斑迹历历，较著名的有白沙岩脚村摩崖石刻、巨甸古调桥摩崖石刻、白水台摩崖石刻。其中，有藏文，有本民族哥巴文，有汉文，有的还藏文与哥巴文并刻，具有重要的文物学、民族史、文字学价值。

岩脚村摩崖石刻

岩脚村位于玉龙县白沙镇西南侧二里之芝山麓，为元明时期木氏土司的家宅故地。岩脚摩崖石刻又称“麦宗摩崖”，原因是所刻为“麦宗墨迹”，并且“是番字，难译其语”。对此，方国瑜曾生怀疑，认为所谓“番字”不应是梵文、藏文，而应是本民族标音文字——哥巴文，因为《木氏宦谱·阿琮传》等载曰，阿琮即麦宗，生活于南宋末年，是“创制本方文字”之圣人，他所书写之“墨迹”当然应该是“见木画木、见石画石”的东巴象形文字以外的哥巴文。麦宗之后人另有说法，与木公诗《西园述事》虽称“千载不磨岩上字”“天成妙语述其间”，但对是何文字语焉不详。相反，木高在《题岩脚院摩崖梵文古碑》明确断定所书者为“梵文”，大赞先祖“七岁能文非等才”，以致令后人“扫苔梵墨分明见”。而今，由于岁月之洗礼及风雨之侵蚀，岩脚摩崖石刻已经全部风化，不仅字迹渺不可即，其内容亦无从考据。至今所存，仅木公于嘉靖十五年（1536）七律诗一首、木高写于嘉靖十三年（1534）七律诗一首。前者为：

西园北畔石溪连，四顾林峦霭暮烟；
千古不磨岩上字，一时因写醉中篇。

风摇凤尾猗猗竹，水接仙源活活泉；
百代祖孙文意合，天成妙语述其间。

后者为：

木氏渊源越汉来，先王百代祖为魁；
金沙不断流千古，雪岳尊崇接上台。
官拜五朝扶圣主，世居三甸守规恢；
扫苔梵墨分明见，七岁能文非等才。

古调桥摩崖石刻

古调桥在迪庆州香格里拉市桥头镇境内。桥左危崖石壁上刻11行藏文，并横向作7短行、4长行。长行之下短行之旁，直书纳西标音文字2行、共16字，最后用汉文写以“万历四十七己未年四月十四日吉月吉日有各其尾修”。可见，该摩崖石刻制作于1619年农历四月十四日，作者为“有各其尾”。据方国瑜先生记述，“惟因修公路，展拓路面凿崖石，摩崖文字已不存”。

白水台摩崖石刻

位于迪庆藏族自治州香格里拉市白地行政村白水台偏西约100米处。崖高约66.7厘米、宽约60厘米，其上竖刻隶书正书9行，每行5字七律汉诗1首，诗末所题为“嘉靖甲寅长江主人题释哩达禅定处”，可知为明嘉靖皇帝统治时期的1554年由自号“长江主人”的丽江府土知府木高所题。

汉文摩崖石刻

对诗末所题“释哩达”，至今有种种异说，一说认为白地为东巴教圣地，与此摩崖遥遥北对者为东巴教亚圣阿明什罗静修灵洞，故此诗当为此圣地而题，况且“释哩”与阿明什罗之“什罗”近音，“禅定”与东巴教大师在灵洞“静修”同义，“释哩”后之“达”字也符合大东巴祭司之称为“什罗”后加本人名字的特点。也有学者认为，白水台下原有一藏传佛教寺院，且白地一带连连出现过若干大德高僧，故木高诗当指白水台下藏传佛教寺院及其“释哩达”高僧。所刻之诗如下：

五百年前一行僧，曾居佛地守弘能；
云波雪浪三千垄，玉埂银丘数万塍。
曲曲同流尘不染，层层琼涌水常凝；
长江永作心田玉，羡此高人了上乘。

古碑刻

纳西族地区的古碑刻主要集中出现在其政治、经济、文化中心区——丽江市古城区、玉龙县金沙江两岸。最早者出于唐代，最多者出于清代、民国，最有价值者为明代碑刻。它们在原丽江县境内有各种碑碣等5 000余件，均是研究纳西族社会、历史、文化的绝好资料。其中，最著名者有格子碑、石鼓碑、木氏历代宗谱碑。

格子碑

格子碑发掘于1992年3月29日，属南诏时之物，为丽江境内第一碑。其部分文字为藏文，绝大部分为图像。碑高158厘米、宽76厘米、厚约32厘米，碑身完好，碑面分首、中、下3部分。碑首上缘饰以花边并作3层，上下层作对称三角三叠连绵状，中为3道曲线贯极左右，下为一女神居中站立，双手上扬，两边各刻一花朵；中部两列，上列刻5行藏文，从左至右，内称碑主原为唐官，又转投吐蕃并屡受封赏，直到90岁去世；下列碑主坐中，左侧5男歌舞献贡、右侧2女立侍；下部分3列刻有多种人物、动物，第一列为牵马赶路图，有1人牵马行于前、1人赶马随于后，并在赶马于后下方刻有两只狗、3随从形象；第二列为1巨狮独踞中央，其右下侧侧立1幼狮；第三列为两只麒麟相向戏珠图案。目前，对此碑解读尚有争议，如墓主人及其部族，有的认为是“汉裳蛮”，有的认为是“麽些蛮”，有的认为是“弄栋蛮”；对立碑时间，有的认为应在公元757年之前，有的认为应在公元703年到794年之间。总之，格子一带在公元8世纪处于南诏、吐蕃、唐朝之间，流经当地的金沙江称“麽些江”，当地主要居民为纳西族先民麽些人。当是时，该地曾建神川都督府、铁桥节度。

石鼓碑

石鼓碑又称石鼓碣，相传为武侯所立，现保存于丽江市玉龙县石鼓镇，为汉白玉所制，呈鼓状。其正面楷书阴刻木高文《大功大胜克捷记》、词《醉太平》，背面阴刻木高诗词《太平歌》《西江月》《右调醉太平》《破虏歌》。鼓面直径163厘米、厚54厘米、通高231厘米。从其最早一首诗《醉太平》刻写于嘉靖二十七年（1548）仲春至今已经460多年过去，它却依然屹立在长江第一湾，雄视两岸云卷云舒、花开花落，诉说着明朝至今的纳西族历史风云，并成为纳西族诗人木高诗文辞赋的主要载体。

石鼓碑

木氏历代宗谱碑

此碑立于原丽江县金山乡东元行政村莲湾自然村木氏墓地，后收藏于丽江市东巴博物馆。它以大理石为材料，高167厘米、宽72.5厘米、厚16厘米。碑文镌刻于清道光二十二年（1842）。那时，木氏在丽江纳西族地区的统治已告结束近100年。此碑正面碑额篆横刻“木氏历代宗谱”几个大字，并以楷书直刻“玉龙山皇脚阳伯那木氏壹世祖秋阳、正妻弥均习鼠、唐初改为昆明、属巂州，高宗上元中为三甸总军管”一行作碑心。其正文先以汉字记生命、生物、动物、人类、民族起源为内容的纳西语，再续以木氏宗谱，直至清道光年间第四十一代木斐12兄弟及其正室名姓、官衔政绩等，并落款识“肆拾代孙男木载阳、朝阳、秉阳、调阳、媳和氏、李氏、李氏、李氏敬立”。它以家谱的形式将神话、传说、史实合为一体，纵横经纬地记录了木氏家族的繁衍史。

香各里雄古碑

此碑原立于丽江市玉龙县九河乡中古行政村雄古村山门旁，1998年收藏于原丽江县文管所，主要记述村民和加合等兴修水利、保护水源并立“水规民约”事宜。立碑时间为光绪三十四年（1908）三月二十一日。由于碑文明确称“香各里雄古”，且丽江县于清末实有“东香各里”“西香各里”，可知“香各里”即为希尔顿《消失的地平线》中的“香格里拉”的原形。这是因为希尔顿的创作根据“国际纳西学之父”约瑟夫·洛克有关丽江纳西族历史文化的介绍而进行。

古桥古塔

居住在多山多水的“三江并流”地区，纳西族先民多有造桥的知识及技术，并积累有丰富的造桥文化与历史。她在东汉时期还曾一度被称作“筰人”。所谓“筰人”，就是以架桥造梁见长的部族。这些桥梁既有单孔，又有双孔；既有板桥、竹桥、藤桥、绳桥、溜索桥，又有铁桥、石桥、木桥；既有拱桥，又有风雨桥。最著名者如巨津铁桥、梓里桥、锁翠桥、锁脉桥、铁虹桥、涧虹桥。纳西族地区的塔分汉传佛教所属与藏传佛教所属两种，有的为了作纪念，有的为了作供奉，有的则是为了镇风水，最著名者如高禾塔、培风塔。

巨津铁桥

巨津即现今丽江市玉龙县巨甸镇之旧称。据记载，此桥为铁索桥，始建于隋朝，督造者为隋军将领史万岁，目的是“接吐蕃界三千二千口将来博易”，即沟通汉地、吐蕃、南诏之间的经济贸易往来，尤其是便利滇藏之间的茶马互市。不幸的是，由于铁桥两端各种政治势力的时战时和，巨津铁桥于唐贞元十年（794）被南诏王异牟寻斩断，同时被攻破的还有桥之东、西两城，总计溺死数万吐蕃兵、俘获5蕃王。今天，此桥已经杳无踪影，仅于明代在其旧址残存过“穴石锢铁”、水清之际仍能看清江岸铁环。它一般被称作“万里长江第一桥”，在我国桥梁史上占有特殊地位。

梓里铁桥

梓里铁桥又称“金龙桥”，因位于永胜县与原丽江县之间的梓里（永胜）金龙（丽江）两地金沙江面上而得名，至今犹

梓里铁桥

存。原宽2.83米，长86.7米，16根铁索上铺以木板，两旁护以长栏，两头覆以瓦屋。其建造时间为清光绪五年（1879），督造者为原贵州提督蒋宗汉。后因该桥至清末被雷电击断12根铁索，仅剩2根，便由丽江古城富商赖耀彩、杨子钦等捐资重修，并加高1.5米，新铸16根铁索，宽2.83米、长86.7米，历时两年完成之。一百多年来，它始终是“丽江入永之门户，滇蜀交通之孔道”。

锁翠桥

该桥为丽江市古城区玉泉公园内主要建筑之一，跨于玉泉出口、玉河入口，始建于清光绪十三年（1887），作廊屋式风雨桥态，高约10米。桥面铺以五花石板，桥屋分3间，彩绘花鸟山水于梁上，通廊瓦顶则飞檐翘角，桥下有3孔，中孔跨度2.6米，左右两孔各跨2米，桥长12米，“八”字形桥墩雕以狮子、麒麟等吉祥动物。流泻如雪飞瀑，并水声震耳，沁人心脾。其最早寓意是：锁住黑龙潭翠碧龙脉，不致使其随流水而远走他乡。

锁翠桥

铁虹桥

坐落于丽江市玉龙县石鼓镇北侧冲江河上，亦为铁索桥，始建于光绪十三年（1887），桥两端“架木为梁，上覆以瓦，两旁穿以铁索，宽3.3米，长16.7米，举人周晫等建”。后因“江洪泛滥，冲毁桥梁”，由赖耀彩、黄之昌等人于1932年重建，并“度地势将桥下移数丈”，原木梁还改成了英国进口的钢索。

现存铁虹桥于1985年重作修建，存桥长54.5米、净跨度32米、桥面宽3.2米，以14根钢索为底链并铺以木板为桥面，两根扣环铁链为手扶护栏，东西两头均建以重檐歇山顶桥亭，檐下饰以斗拱，翼角飞翅。

铁虹桥

高禾塔

高禾塔又称高和塔，因所祀者为大理国重臣高禾（和）而得名，位于丽江市玉龙县九河乡北高寨，建于宋末。今已不存，但仍有残垣。据史书记载，1244年，兀良合台曾受窝阔台之命率军20万攻打大理国。高禾奉命率军迎战元军于现今九河（时称九禾），并取得胜利。只是高禾将军付出了生命代价，伤亡将士多达数千。为了纪念高禾等将士并抚慰其亡灵，大理国决定在“九禾战役”战场遗址修建此塔。

培风塔

培风塔又叫“东元白塔”“东园白塔”。“东元”或“东园”是地名，因其建于金山乡东元（园）村而得名。“培风”是建塔目的之直接表达，即为了培植风水。据称，丽江纳西族地区于清雍正二年（1724）“改土归流”之后，一批批汉族流官、学政等致力于在丽江推行全面汉化。其中，吴大勋曾在丽江古城内建“塔风楼”，万咸燕则在蛇山建“培风塔”，目的是以此镇脉，不致使丽江坝子所蕴龙脉随玉河水南流消失，并大力蓄积与培植风水，以利物阜人杰、英才辈出，但它在咸同年间被雷电击毁。后于1906年由丽江府最后一任知府彭继志捐资重修，依旧做四方体，做下大上小收缩状，高11层、约15米，最高处做尖顶状，四角各悬一铜铃。塔身通体雪白，并在塔腰四面各写一字“诚”“款”“培”“风”，以志塔名。遗憾的是它于“文化大革命”期间被彻底摧毁，雄姿不再。近年虽有藏传佛教僧侣在原址建塔，但已不是白色道教式风水塔，而是改建成了浑身金黄的佛教灵塔。

古建民居

建筑是立体的艺术，往往体现一个民族的宇宙观及社会秩序，是物质生活与精神信仰的集中体现，物理、数学、环境、艺术知识等在其中高度融合，使之成为一个民族文明程度的最高标志。在早期，纳西族作为游牧民族所居住者为穹隆，进入山地后改住土掌房或窝棚，继而改以木板为覆、以原木为墙的木楞房。其后，随着转变成定居农耕民族结束了半迁徙半定居的生活，并受到汉文化的影响，纳西族的建筑日益精致化，开始进入土木结构乃至砖瓦时代，并有居住以外的神圣建筑、文化建筑出现，最终产生了木府、三房一照壁、四合五天井，以及丽江古城这样的建筑群。

木楞房

这种建筑一般呈双栋无院的结构，正房为人居，其他为畜厩。也有的由数栋木楞房构成一个院落，并设以大门，其中最重要的是主屋，又称母屋。它一般长10米许、宽5米左右，大都分三间，仅在正面左侧开一出入口作门。门槛高约半米，门楣极低，为的是防风、防寒、防野兽，而且门左之原木一般为9根、门右之原木一般为7根，取男左女右、男九女七、以男为尊之意。在屋内最中心处设一擎天柱，它高出四缘原木最高点约1米，同时在左右两侧原木中间点各安一高度相当的短柱，并分前后各钉一斜木做人字架，然后在这一线三点上覆以横梁做屋脊，同时在前后斜面按一定距离平行安置五六道横梁，最后从上到下、从左到右盖上称为“更票”的木板，另压上一些石块，以防被风刮走。屋内左间作出入用，中间搁置农具、粮食、家具，设床铺，右间设火塘。在它与墙壁之间各设一床，并与火塘高度相当，左床供男主人食宿起居、招待男客之用，右床供女主人食宿起居、招待女客之用。在火塘及男主人床尾一侧设有矮梯，还在

木楞房内部构造

它与中柱间竖1方柱，并在两柱高约1米处安一横木作为扶手以供人上下，右侧床头仅垫以木石做磴供女性成员上下。

火塘长燃不熄，其上架以铁三角，或置以3块石头支锅、壶等物，用于炊事。火塘成为一家以老人为核心的生活、祭祀中心。这是因为，中柱上挂有家神篓、祭天神米篓、祭署时采回的神树枝、家神篓，有人还要将曾经猎到的大型动物头骷髅悬挂于其上。

另外，在男女主人床铺相交处上方约两米处为供奉祖先的神龛，常常香烟燎绕、灯火通明。有趣的是，屋顶的木板留有可移动的部分，其功能多用，既可打开透光、透气、排烟，根据日光在屋内的投影路线判断白昼的时间以及一年四季的时段，也可以合上防雨、防寒。

木府

木府曾经是纳西族木氏土司的官署兼官邸，初建于元代，兴盛于明代及清初，至清中叶走向衰败，到民国年间仅存一进三院式普通宅院。新中国成立以后它被没收充公，作原丽江县文工团驻地，并称“木家院”。“2·3”大地震后，方向世界银行贷款作改扩建，恢复至明清时期规模，并根据白庚胜建议将“木家院”更名为“木府”。

▲

木府

木府位于丽江古城西侧的狮子山麓，为坐北朝南向建筑群，经木氏22代土知府经营，凡历470年，长期为滇西北地区政治、经济、文化中心。其选址、建筑样式均充满浓厚的中原文化气息，表现出木氏土司强烈的内向意识、国家情怀，以及对汉文化的高度认同。

现存木府占地46亩，门前忠义坊、大门、议事厅、万卷楼、护法殿、光殿楼依次从南至北分布于中轴线上。最北端至高点建有三清殿，供以道教诸尊。整个院落一分为四，大门至议事厅为前院，庭坝广阔；第二院为议事厅至万卷楼部分，呈流水曲觞状，回廊蜿蜒；第三院为万卷楼至护法殿部分，种有修竹、古柏及山玉兰，浓荫蔽院；最后是花园，并以三清殿为限。在功能上，忠义坊为万历皇帝所赐，褒奖其忠君爱国、大义干天；大门是木府出入之所；议事厅乃议行政事务厅堂，家人不得入内；万卷楼是木府的图书馆，收藏有大量经史典籍；护法殿是议家事场所，算是“内务府”所在地；光殿楼是木府花园门楼；三清殿供以三清圣君，终日烟雾缭绕。在这些院落两侧，房屋罗列，楼台亭阁数不胜数。

这一建筑群曾被徐霞客誉为“宫室之丽，拟于王者”，有越僭之嫌，但与木氏土司知书识礼、冠诸云南各郡，以及为明、清王朝一统20万里边地的雄风相当匹配，成为中国乃至世界建筑艺术的瑰宝。

三房一照壁

三房一照壁因各家富裕程度之不同而有所不同，普通人家仅为土坯瓦房，不作任何装饰；稍富裕家庭改用砖块镶边，墙面土坯上抹以白石灰，屋顶加盖石瓦，照壁上题以字画。

此类院落大多取坐北朝南式，呈主房坐北、侧房在东西两侧的格局。既有主房为楼房、最高，侧房为平房、稍矮的情况，也有主房与侧房同为楼房或平房、高度一致的情况。照壁均要矮于侧房，为的是光足风畅，尽享蓝天白云之美。

在功能上，院落平时作晾晒衣物、食物、粮食之用，到节日及婚丧嫁娶时则成为公共活动场所。其盖檐石上摆满花盆，令四季鲜花开放；正房一般为二层楼，楼上堆放粮食家什、挂晾腊肉，设有待客床铺。楼下三间正室做厅堂，供以祖先牌位并接待亲友；左右两间各供男女主人住宿，二楼供来客住宿，厦子之下为家人活动场所。一厢房为已婚子女媳婿住房，二楼设有床铺，平时供未婚子女或已成人青少年住宿。另一厢房则作畜厩使用，楼上置草料，楼下关牲畜，人畜共院一直是纳西族不变的居住习俗。这是因为家畜都随人类女祖先衬红褒白从天界来到人间，早

◀ 三房一照壁

已约定人畜永不分离。至于厨房，大多在人居厢房与正房交接处辟一撇厦为之。

三房一照壁建筑极重大门，因它是整个院落之面子。故，它虽体量不大，但独自一体，大多取飞檐翘翼式顶盖，其下为安有大铁环之两扇门板，两侧楹柱宽可20厘米，留以张贴对联；下端户对多石狮、麒麟等祥瑞之物。屋外，大都围以园圃，种有蔬菜瓜果，植以果木，一派鸟语花香。

五凤楼

它原建于丽江古城以西约7 000米处的芝山东麓福国寺内，而福国寺原为木氏家庙及别墅，名安乐寺。五凤楼则名法云阁，

五凤楼 ▶

是藏经楼，明万历二十九年（1601）建成，后迁至丽江古城北侧玉泉公园，楼高20米、为层甍三重重檐结构，楼基方正，楼台三叠，屋担八角，共24个飞檐，32根柱子，犹如五只彩凤来仪，故名之。楼尖贴金实顶，楼内天花板绘以太极图、飞天、龙、凤以及花卉、飞禽、走兽纹饰，属汉、藏、纳西族建筑艺术之精华。

知识链接 明崇祯年间徐霞客游历丽江之际，曾在这里受到当时丽江知府木增的盛情款待，并感叹云：“正殿之后，层台高拱，上建法云阁，八角层甍，极其宏丽……”正是在这里，徐霞客不仅品尝了共80余品、陈列甚遥的“木府宴”，而且为木增编定《云莛淡墨》等文稿，还指导木增之子写作，向木增举荐天下名士，使之得窥中原文脉，留下汉族与纳西族文化交流的一段佳话。

石头城

石头城

石头城位于丽江古城以东约110千米处的玉龙县宝山乡，纳西语称“鲁盘坞”。其最大特点是百余户纳西族人家聚居于一座从金沙江底依托牛山耸起的巨石之上，仅有一条山道与巨石南侧石门相连接供交通之用。一旦石门紧闭，则一夫当关，万夫莫开。这是因为巨石其他三面均是悬崖峭壁。而在石头城内，巷道纵横交错，房屋鳞次栉比，而且房屋基础、柱子、灶台、水缸、水槽、凳子、床架等大多为不可移动的天然石料凿成，使石头城名副其实，真真切切。这里虽然为“村”，却称为“城”，乃因它是元、明、清三代丽江府宝山州州府所在地之故。据考证，它始建于1277—1294年间，而纳西族先民迁居此地则可推及南北朝时期。

第六章
宗教纳西

纳西族的宗教信仰以本民族古巫教为基础，先后吸收了本教、藏传佛教、汉传佛教、道教、儒教的影响，甚至到19世纪以后不断经受西方天主教、基督教的洗礼。这一情况造成纳西族在宗教信仰上的开放性、包容性以及实用性，往往信而不笃，为我所用，甚至出现一个屋檐下各信各的教、共吃一锅饭、各拜各的神的现象。

纳西族的宗教信仰以本民族古巫教为基础，先后吸收了本教、藏传佛教、汉传佛教、道教、儒教的影响，甚至到19世纪以后不断经受西方基督教的洗礼。其一般分布特点是原始巫教“萨尼”仅残存于僻壤穷乡，并已大致完成从女巫到男祝的主体转变；受藏族本教改造形成的东巴教普遍流行于边远农牧区，并以纳恒支系为主要承担者，成为有力抵御西方宗教的精神信仰力量；佛教传入纳西族地区当在唐朝，先是汉传佛教，后传入藏传佛教，并分格鲁派与噶举派，其中以噶举派最盛，并主要传播于纳西支系、玛里玛沙支系。格鲁派主要流行于纳日支系中。在汉族移民大量进入纳西族地区以后，汉传佛教又一次涌入纳西族地区，并与道教、儒教相向而行，逐渐在丽江古城及邻近地区占据主流。这一情况造成纳西族在宗教信仰上的开放性、包容性以及实用性，往往信而不笃，为我所用，甚至出现一个屋檐下各信各的教、共吃一锅饭、各拜各的神的现象。并且，遗留下众多的神圣场所，创造了大量的精神财富，产生了一个个杰出的宗教大师，为中国的宗教文化做出了重要贡献。

纳西族虽然信仰多种宗教，但最主要并最具特色的是萨尼、东巴（达巴）、白教。其中，噶举派属藏传佛教，又叫“噶玛噶举”，是藏传佛教的一个重要派别，但对纳西族的影响比较普遍，且历时较长，相当深刻，其完整程度甚至超过藏区。东巴教是纳西族的本土宗教，但它所受到的藏族本教影响非常鲜明，甚至有的经典、咒语、神灵、鬼怪、观念是藏族本教的直接翻译与完整引进。萨尼则与我国北方乃至全球性的萨满信仰一脉相承，息息相通，可视为史前信仰的孑遗，包含有丰富的早期人类社会文化信息。

桑尼信仰

“桑尼”指纳西族巫师，早期为女性，晚期为男性，并至20世纪上半叶演变为一身二任，有人既是桑尼又是东巴，标志着它已逐渐被东巴所代替。

桑尼信仰属典型的巫教信仰。“桑尼”在东巴象形文字中写作披头散发之女性形象，正与其早期为女性、疯狂歌舞念咒作法等特点相符，但其义为“智者”。

“桑尼”一般按母系传承，女儿嫁到何处“桑尼”便跟随到达何处，除非断了女嗣才再无承继。一般讲，“桑尼”并非授受而成，往往是某女子在某个时空突然着魔修成，常常是一场大病或一个噩梦之后灵魂附体，具有非常人所能秉赋的悟灵通神能力。从此，她开始行医治病、打卦算命、扶危救急。她们平时为普通劳动者，没有庙宇，没有组织，没有文字及其经典，但大都身怀绝技，能下油锅、舔犁铧、上刀山、下火海。所用法器不过一法鼓、一摆铃。所穿法衣与平时服饰无异，只是头缠红绦，并偶系红腰带，用以驱魔除邪。桑尼还能代行神判、辨别历法，承担祭祖祭神之责，是纳西族远古神话、歌诗、祝咒、音乐、舞蹈、美术、工艺技术的保持者与传承人。此类巫师与巫技、巫医、巫乐、巫舞、巫画相结合的例子，亦见诸彝语支各民族。

东巴教

“东巴”为藏语借词，又写作“登巴”“丁巴”，意为“大智大慧”，因其宗教徒称“东巴”、其教祖名“东巴什罗”而称之。东巴教虽崇拜自然万物及灵魂，但已处于从自然宗教或称原始宗

至今，东巴教还广泛存在于四川省木里藏族自治县俄亚乡的纳西族中。图为东巴在主持祭家神仪式

教向人文宗教的过渡阶段，已经有统一的主神及教主。祭师东巴也有一定的组织，并区分出一定的阶层，且拥有文字——“东巴文”及其书画经典。

“东巴”一般在族内按父系传承，也有叔侄传承，甚至在族外拜师传承的情况。它在东部方言区称“达巴”，区别仅在于后者无文字经典，仪式较简单。其祭祀仪式计有40余种，凡自然神、祖先神、至高神、战神、护法神、生产神、生活神、生命神皆在崇拜之列；凡灾鬼、祸鬼、瘟疫鬼、口舌是非鬼都要严加震慑，乃至荡灭；凡地震、天象、乌鸦语、医药、耕种、收获、占卜、断案均有据可查、有典可循；而且除口头语言及书面文字之外，音乐、舞蹈、绘画、工艺亦是其形象生动的表达形式。纳西族古代社会的自然观、社会观、审美观、价值观等无不熔于一炉，尤其是东巴神话、东巴史诗、《东巴舞谱》《东巴画谱》《神路图》《东巴医典》《东巴药谱》《地震经》《乌鸦语典》等精华，早已引起全球性的关注。

“东巴”平时是普通的生产劳动者，每次法事活动之后仅象征性收取些微报酬。他们都名副其实是纳西族社会最有智慧的人，凡与神对话、口头文学、表演艺术、占星算卦、医术工艺等都无所不通、无不精深，故而又被称为“纳西族传统文化的知识分子”。

白教

“白教”是藏传佛教噶玛噶举派的别称，形成于后弘期，由玛尔巴译师开创，经米拉日巴继承，最后至达波拉杰时成为一宗。它以教法传授方法而命名，注重密法修习，而且师徒口耳相传。噶举派有两大系统，其一是从玛尔巴并经米拉日巴传续的“达波噶举”，其二是由琼波南党开创的“香巴噶举”。不过，“香

知识链接 之所以称“白教”，是因为该教派僧侣裙服中加有白色条纹之故，其实是出于其宗师玛尔巴、米拉日巴、林热巴等穿白色僧服。在藏语中，“噶举”乃是“教授传承”之意，与白色无关。

巴噶举”后来逐渐衰微，只有“达波噶举”长盛不衰并繁衍为四大宗八小支、共三大主寺：一支在西藏，为樊布寺，住持者为历代噶玛巴，即大宝法王；一支在四川德格八拜寺，住持者为历代四宝法王；一支在云南丽江指云寺，住持者为历代东宝活佛。

丽江白教于明代传入。成化九年（1473），木氏土司木嵚第一次邀请噶举派大宝法王七世活佛曲扎嘉措访丽，但直到木嵚去世时（1487）才成行并为他超度。自此以后，木泰、木定直至木增等屡请噶举派大师前来传经，以配合木氏对藏区的政治、军事统治。如木定就曾为八世大宝法王一次捐赠500两黄金，承诺在藏区捐建100座噶举派寺院且一一付诸实施。当大宝法王八世弥觉多吉于1516年来丽时，受到1万名纳西兵丁的迎接。木增还曾出巨资为其刊刻《甘珠尔》大藏经108卷，并每年送500童子入藏修行。从此，丽江开始出现噶举派僧侣，木氏开始在建塘建仁昂拉康，并有木懿之子噶玛·米旁丹增入寺为僧。噶举派大师亦于后称木氏土司为“丽江王”“萨当汗”“姜萨当杰布”“木天王”“卓贡玛”，赐木定“噶玛·绛史扎巴”、木增“噶玛·米庞才旺索南饶登”、木懿“噶玛·泽满拉旺”。直到和硕特部首领固始汗攻入拉萨翦灭噶举派“藏巴汗”、建立黄教甘丹颇章政权为止，木氏土司还将黑帽系十世活佛却英多杰接到丽江，一住就是70多年。

在明清两代，丽江纳西族地区先后建造噶举派寺院13座，一般称“十三大寺”。另在康区建有格鲁派（黄教）理塘寺，在中甸（现香格里拉）建有宝生寺，在永宁纳日支系居住地亦建有格鲁派（黄教）寺院扎美戈寺。

寺院

纳西族地区的寺院有汉传佛教、藏传佛教所属，亦有道教宫庙，以及土主庙舍，唯独无东巴教建筑，更遑论达巴教。至于18世纪以后传入的基督教之教堂，由于纳西族信众不多，并且相关宗教与纳西族社会的结合度与融合程度不高，故略而不论。

十三大寺

十三大寺指藏传佛教噶举派分布于滇西北地区的13座寺院。它们分别是原丽江县境内的福国寺、指云寺、文峰寺、玉峰寺、普济寺、兴化寺、灵照寺、达来寺，以及维西县达摩寺、兰经寺、来远寺、寿国寺，贡山县普化寺。其中，以福国寺、玉峰寺、指云寺、文峰寺、普济寺最著名，号称“丽江五大寺”。最早者建于康熙年，最晚者建于道光年，历180余年。它们使纳西族地区俨然成为藏传佛教噶举派亦即噶玛噶举派的大本营。

十三大寺分格珠、拉羌、翁责、集罗、集初等等级。集罗相当于格鲁派之“哈尔巴”，格珠相当于顾问。十三大寺内所设静座堂是其最高学府。藏钥匙洞是青藏高原蒙藏信众赴鸡足山华守门祭拜来回必去行礼圣地。拉市指云寺还密藏有莲花生大师点化而成的《金刚经》石经。据说，最早修建噶举派寺院时当元至正

福国寺曾是云南最大的噶玛噶举派寺院

十六年（1356）。纳日人居住地所建噶举派寺院者波寺，最盛时有僧侣350人，但它与巴塘、理塘、的格、中所、右所、北渠等地喇嘛寺的联系更为密切。

福国寺 它于康熙十八年改建为藏传佛教噶举派寺院，原来是汉传佛教圣地，称“解脱林”。“福国寺”之名由明熹宗皇帝所赐，最早建于明万历三十九年（1611），徐霞客曾下榻于此。因它是云南最大噶玛噶举寺院，故西藏的噶玛巴、夏玛巴、大司徒仁波切、嘉曹仁波切等大活佛先后在此驻锡并主持大法会。寺内原有五大公房院落、38座僧房。其中的“五凤楼”又名“法云阁”，是最具代表性的建筑，后移至丽江古城西北玉泉公园内，至今英姿不减当年。

文峰寺 位于丽江古城西文笔山半腰，建于清雍正十一年（1733），是噶玛噶举派十三大寺之最高学府，藏名为桑纳迦卓林（意为密教机关，或幸福寺院）。凡要取得“都巴”学位之喇嘛必在此修行3年3月3日3时3刻，否则一生不得主持法事。由于它在滇、川、藏、青、甘都负有盛名，并在印度、尼泊尔、缅甸也有影响，故1956年佛祖舍利从缅甸迎入中国时于8月8日在该寺举行恭迎盛典之举。1986年10月19日，又蒙班禅大师亲题“法雨林”寺名，并赠予《上师本尊诸菩萨画像》11幅及大师本人肖像。寺院不远处即是“南洲第一灵洞”，又称“金刚亥母灵

文峰寺为噶玛噶举派十三大寺之最高学府

洞”。在此修行，足以参悟佛性、“圆通灌顶”。寺之西侧，另有一圣地称“藏钥匙洞”，实为一座石峰半腰处有一硕石如鼓，只可在洞中转动而不可从洞中取出。人称其内藏有打开华守门之钥匙，凡去鸡足山祭拜者，必先从此处“借走”钥匙，并在祭拜后回此“归还”钥匙，否则无以进入华守门内得弥勒佛庇荫。

玉峰寺　建于清康熙三十九年（1700），最大时曾有9个院落，现仅存大殿及上下两院，位于玉龙雪山与芝山相交接地带东南麓，离丽江古城15千米，离白沙古街5千米。寺中存有“丽江壁画”十余幅，最著名的是种植有一株500余岁的“万朵山茶”，另一院落则种有两株俗称“十里香”的云南含笑。据称，该山茶树植于明成化年间，是一株“狮子头”与一株“早桃红”的合体，在一年7个节令100多天中先后分20多批开放。最早在立春之后，最晚在立夏之际，每批开千余朵，大抵为9芯18瓣，大如7寸瓷盘。院落依山势坐西朝东，各由门楼、正殿、左右厢房组成，布局实称和谐。大殿楼阁悬挂“苍芝荫玉”匾额，为乾隆年间任职于丽江府的孔子后人孔继炘所题写。院落南侧100米处还修建有“日月池”，又称“姐妹池”，雪水如玉，如明镜可鉴。

玉峰寺内有500多年树龄的“万朵山茶”

指云寺佛事活动

指云寺　位于离丽江古城18千米处铁甲山东麓、拉市海西缘，建于清雍正五年（1727）。原有13个院落，现有1个大院、5个小院，最初由纳西族僧人和立相，即罗僧倡建，具足为住持。具足为纳西族，经大宝法王认定为十四世东宝活佛，并任丽维十三大寺总管。十五世东宝活佛（木大喇嘛），也曾在德格代替四宝法王之职，为指云寺增添光彩。现存指云寺有落水洞莲花生祖师足印及寺旁梵文石经。寺名由时任丽江学官、雪山书院院长万咸燕所取并题写匾额。因建寺得到赴鸡足山朝圣之四宝法王指点，故有“佛手指云是净土，禅心会意证菩提”之称。云南督军唐继尧曾为指云寺住持十五世东宝活佛赠书“热忱爱国”匾额并保存至今，还授予5等文虎章1枚。

指云寺僧房共24院，曾有喇嘛100多人，寺院13座。现仅存1大院5小院。大院为二进式，有山门、佛殿、配殿、僧堂、厨库、浴室、西静。佛殿呈中长阔五间，作重檐楼阁式，正中做四方形攒尖顶阁，底层则为佛堂，上两层是藏经楼，6根12米高之奇柱高耸其间。整座建筑殿宇巍峨，富丽堂皇，气势非凡。

扎美戈寺

位于云南省宁蒗县永宁西北之古尔山麓，距泸沽湖20千米，占地2.4亩，纳日语称“吉拉米柯”，藏语称“答蓝甘丹土登吉林”，汉语称“刺罗佛殿”。“扎美戈”在藏语中有“和平”之意。此寺最早也属藏传佛教噶举派，由噶玛巴活佛创建于明代。现已改宗藏传佛教格鲁派，一直由纳日活佛担任住持，有

位于宁蒗县永宁乡的黄教寺庙扎美戈寺

700多年历史。目前所存扎美戈寺有主体建筑正殿1座、左右偏殿各1座、前殿1座。其中，左偏殿叫强巴殿，右偏殿叫长寿殿，前殿叫护法殿。内塑佛教强巴佛等数十座，并绘制有多幅精美壁画。它们皆为藏式3层土毡房楼阁，殿上覆黄瓦，且以镀金铜顶居最正中处。每年举行6次大法会，即正月初三至十二之“美农多佳节”（跳神节）、农历三月“措区会”、农历五月初八“欢送喇嘛进藏会”、农历七月二十五“祭祀格姆女神法会”（又称转山节）、农历十月二十六“降神法会”。

三多庙

三多庙又称北岳庙，位于丽江古城北13千米处的玉龙县白沙乡玉龙行政村三多阁村，始建于唐大历十四年（779），堪称纳西族地区留存至今最古的庙宇。它既非佛教庙宇，也不属于道教与东巴教，而是纳西族山神庙，并与白族本主信仰有一定联系。三多庙所祭主神称“三多”，他在南诏时代被奉为“北岳安拜景帝”，是南诏国的北方神主。

三多庙一进三院，由山门、花厅、厢房、鼎亭、大殿、后殿

知识链接 在纳西族的民间信仰中，三多是一位出生于羊年的保护神或战神。据说，他白衣白盔白甲并手持白矛、骑一匹白马，永远保护着丽江四境的安全。农历二月八日是他的生日，故每年是日纳西族民众都要举行隆重的祭祀仪式加以祭拜。

三多庙

北岳庙

组成。大殿又叫正殿，所供者为三多神及其纳西妻子与藏族妃子、白族妃子各1人，两侧塑有三多家将各1名；后殿供三多之母；山门左右各塑6匹白黑两色战马；左右厢房各用作香客厨房、住宿；花厅用来存放祭祀物品；鼎亭设于大殿之前院落正中，终日香烟袅袅，至二月八日“三多节”更盛。按纳西族民俗，每有战事或游子外出，必行祭三多神。远离白沙北岳庙的纳西山乡，也要建较简陋的三多庙以护佑当地民众，甚至赴拉萨、昆明经商的纳西族商贾也分别在当地建丽江会馆并供以三多神。而在丽江，无论汉族、白族、傈僳族、藏族，都与纳西族民众一样崇祀三多神，并大多到北岳庙行祭。

圣迹

圣迹指宗教遗迹，纳西族地区的宗教圣迹主要属本民族东巴教及藏传佛教类。它们有灵洞、灵石、山崖、足印等。

阿明灵洞

作为古羌人后裔之一，纳西族自古便有对天然洞窟的崇拜，甚至有以石窟为墓穴埋藏二次葬骨灰的习惯。在边远山区，直到

阿明灵洞

近代，各家族都有“偶机岩柯”，即“收藏骨灰岩洞”之俗。除此之外，东巴教还以石窟为修行灵洞，在白地、拉市、龙盘、太安、文笔山等地都有其例。其中，又以白地的阿明灵洞最负盛名，因为这里是东巴教圣地，最早在此灵洞所修者为东巴教至圣丁巴什罗与亚圣阿明什罗。

阿明灵洞位于现香格里拉市三坝乡白地行政村境内之“许韦”山半腰。它向南正对白水台华泉台地，向东山下便是美丽富饶的白地坝。据传，丁巴什罗曾与米拉日巴斗法于居那什罗神山，并曾约定谁失败谁即迁往他乡。于是，丁巴什罗失败之后被天神撒一把雪确定行止，到撒得最远处的哈巴雪山东侧“许韦”山洞窟中修行，且收留当地弟子随修，从而传播了东巴教，还培养出了阿明都日粗这位东巴教亚圣，亦即纳西族纳恒人出身的东巴祖师。从而，纳西族民间便有“不到白地，算不得大东巴”之说。因得风气之先，白地东巴也被视为阿明什罗嫡传的真东巴，具有极高的声望与权威。

东巴教祖丁巴什罗

阿明灵洞为天然喀斯特溶洞，分左右二洞，右侧洞高约3.2米，圆形，直径约3米；左侧洞高约4.2米，其内干燥，并无水迹，洞体不深且不高；洞口较窄且分二层，上层又有一洞深不可测。洞外为风吹雨打、烟熏火燎后的灰黑色彩，而洞内则是米黄色崖壁，并在地面堆积有大量碎石。香客来此祭拜，一般由当地大东巴主持举行加威灵仪式，先烧除秽火，再举行生献、熟献仪式，接着由大东巴诵经起舞、众东巴随诵伴舞，最后将米、面、白色乳汁等撒于受礼者身上，并在授予法号后宣布结束。

知识链接 在丁巴什罗仙逝之后，阿明什罗前往藏区继续深造，并在回乡后一直在洞窑中静坐修行，终成祖师。故，后世东巴奉之为东巴教最神圣之灵洞，所有东巴都向往一生中有幸朝觐此灵洞，并请当地大东巴举行加威灵仪式，以成正果。

金刚亥母灵洞

此洞位于文笔峰东侧文峰寺静坐堂不远处，坐西朝东，北观玉龙雪山，东望丽江坝子，洞高约3米许，内中钟乳石倒悬，泉水滴沥，汇如小潭，灵洞灵塔内塑有一尊约1米高的金刚亥母本尊像。它原是东巴教灵洞，在藏传佛教传入丽江并在此建寺之后，转变为噶玛嘎举派静修灵洞，并称金刚亥母灵洞，与静坐堂同为一个体系，发挥密教修行传法的功能。

据说，第一世大宝法王杜松钦巴于冈波上闭关禅定中来过此山，并见金刚亥母显形，故授记此地为金刚亥母坛城。第八世大宝法王米觉多杰于1516年来丽江时，再次确认此地即为金刚亥母圣地。此外，莲花生大师也授记此地为“南赡二十一灵洞”之首。

该洞每年仅开放7天，于每年藏历六月二十二日至二十八日举行法会。第一天，出家众僧在大殿修法，四方信众则按律仪分坐于居士法堂，在活佛主持下共修米拉日巴上师相应法、金刚亥母修仪轨、妙欲云烟供仪轨、二臂玛哈嘎拉简修仪轨、施身法等，以求金刚亥母保佑。所谓金刚亥母为三大本尊之一的上东金刚之明妃，为普通护法神，取猪首相，身如16岁妙龄少女，一面双臂，金身红光遍满十方三世，右手持金刚钺刀，左手持盈血颅骨，左肩斜倚天杖，三目圆睁，獠牙咬下唇，戴五骷髅冠，细腰婀娜，颈部挂五十鲜人骨饰项链，以小铃花朵为饰，右足悬空，左足踏人尸于莲花日轮座，身后是般若烈焰。她对有情众生特具慈悲之心，帮助开智慧、排苦恼，成为空乐之根本，即一切成就源头。它建于清道光年。

指云寺梵文经石

该石被称为“额敦南杰林”（意为“了意胜利园”），建于雍正五年（1727）的指云寺南侧坡头，为一奇石，高约2.5米，宽约1米。旧时，无子女者必到此焚香求子，而且每求必灵，但人们不知道究竟为何。到1996年，附近村落有村民炸石取材，才知道该石为一部石经，分阴阳两面，每面写满梵文、藏文经文，内容有观音大悲咒、吉祥咒、金刚亥母咒等。那么，这些经文是怎样写入石面又合为一石长期密闭的呢？据喜绕朗达大师解释，噶玛噶举派经典中早有记载，此乃莲花生大师在西藏作法口授伏藏于此，并发愿不到时候不得外显。

莲花生足印

莲花生足印位于离指云寺不远的拉市海落水洞旁。据说，由藏传佛教噶玛噶举派四宝法王发现。他曾手指木度山顶一朵彩云云：彩云之下即有摩迦陀祖师足印，应建寺保其圣迹，并将寺名取为“指云寺”。乾隆时的《丽江府志略》对此之记载是：“传曰昔水涝不通，西僧麽迦陀，趺坐石笋丛中，以杖穿穴，泄其水，留有足印，今建指云寺于其上。”

噶玛巴挥鞭处

位于丽江市玉龙县与宁蒗县翠英乡姑娘山相交接处的拉伯太子关下。据传，这里本是山脊相连，但金沙江姑娘在玉龙雪山与哈巴雪山熟睡中于两人间东逃。南折之后，她被太子关用悬崖挡住去路，故而只好请噶玛巴挥鞭，将太子关打开缺口。噶玛巴有感于金沙江姑娘投奔东海龙王之忠诚，便依她之求一鞭下去打断了悬崖，使太子关下峭壁万丈，形成“拉伯太子关，伸手摸着天；鸟飞不到处，人走七八天”的雄奇景象，使金沙江水白浪滔滔从其足下逃走。当然，这里的噶玛巴不确指其中的哪一位。一世噶玛巴松松虔巴生活于1110—1193年，二世噶玛巴噶玛巴西生活于1204—1283年。他们与丽江纳西族地区的关系，最早发生于明成化九年（1473）。第一位到丽江传法者为大宝法王七世，锡住最长者为大宝法王十世，且一住就是20余年。金沙江改道从石鼓经虎跳峡、三江口、太子关一直东指的时间则大约在4 000万年之前。可知所传虚妄，只表明噶玛噶举派曾在纳西族地区影响之盛。

大师

纳西族的宗教大师以东巴教、藏传佛教所属最多，也有汉传佛教和尚。藏传佛教中既有格鲁派（黄教）大师，又有噶举派（白教）大师，并以噶举派（白教）大师为众。他们分别在修行、弘法、传教、育徒、传承文化遗产、诗文创作、宗教理论研究方面做出了杰出贡献。

阿明什罗

阿明什罗，原名阿明都日粗，“什罗”是其东巴教法号。据说，阿明生活于宋代，出生在现今香格里拉市三坝乡水甲村，从小受到传自藏区的宗教（本教）的影响，并前往拉萨求法。后来，他将所学到的宗教知识及其经典传回家乡，并在白水台对面“许韦”山洞窟中静坐修行、传授弟子，创立东巴教，故而一直被后人奉为东巴教亚圣，或称祖师爷。他的主要贡献是系统引入本教教义并将之与纳西族神话传说、巫术信仰相结合，整合出东巴教系统；用象形文字记录下东巴教口诵经典，确定了东巴传承体系；将东巴教众多仪式体系化；确定了白地在东巴教中的圣地地位，以及白地教派在东巴教各派中的正统性、他自己在东巴教中的祖师权威。

正修大师

1869年生，1948年卒，原丽江县白华结来村人，12岁出家从金山寺和尚学佛法，24岁在鹤庆龙华山受戒，法名传杰，法号真空。曾游历内地，凡五台山、峨眉山、九华山、普陀山、天台山、武当山等无不巡访。还曾与虚云和尚一同参禅于北京龙泉寺，并于1900年回筇竹寺协助梦佛大和尚邀请虚云来云南讲学并担任僧值。后在禄丰介办念佛会，在大理请虚云讲经，回丽江维修金山寺大殿并倡筑戒坛，举办丽江首次传戒仪式，1907年又协助虚云为鸡足山修建祝圣寺。人称“佛门栋梁”“滇南高僧”。

圣露

生于1871年，卒于1941年，为原丽江县白马里金龙村人，为藏传佛教噶玛噶举派普济寺四世活佛，称世都登僧旺波，简称“圣露”。7岁迎至普济寺行坐床大典，12岁拜文峰寺活佛为师，16岁赴青海从师果度法师，曾帮助四宝法王第十一世旺丘嘉波登位。22岁赴拉萨楚布寺大宝法王处大灌顶，并于两年后晋升为格西、呼图克图。1913年，游历尼泊尔、印度、缅甸诸国后回到故乡，重整普济寺旧貌，被公推为滇西北十三大寺总管兼文峰寺开顶大师，滇中华佛教总会云南丽、维、中、永分会会长，被册封为“震旦之屏藩”。1933年协同讨逆第十路军总指挥格桑泽仁赴康区宣慰平叛僧俗；1935年主持云南省政府为纪念抗日阵亡将士所设水陆道场；1936年10月18日率僧徒世鲁、区楚、青巴、鲁都、巴松、明楚等从昆明抵越南河内传法；11月8日赴香港讲经，16日回到广州布道，皈依者如云。11月28日应国民政府之邀赴上海之后与蒙、藏等各民族宗教界人士共商国是，受到林森主席接见。其间，还一度代表班禅广泛接触社会各界，宣传抗日救国主张；1941年，国民政府邀请圣露活佛到重庆主持超度抗战阵亡将士法事并参与组建“蒙、回、藏联合慰劳抗日将士代表团”，协助首席代表詹佳活佛并任副首席代表。不久，被林森主席再次接见，被授予“普善法师”“呼图克图”名号，并铸印颁给。林森还亲书“灵宇慈云”以相赠。不幸的是，由于繁重的社交及传法活动，他于是年圆寂于重庆。

谛闻

1895年生，1983年卒，原云南丽江县龙盘乡岩羊村人，俗名将又凡，从1901年起便随正修和尚研习佛经，1917年被选送至北京法源寺弘慈佛学院学习，数年后转至南京中国内学院学习佛典，并于1929—1931年受聘为北京中华佛学院国文教师，1932—1935年受聘于福建闽南佛学院，任教员3年，1936—1939年受聘任宁波七塔寺报恩佛学院教务长，从1940—1941年先后在湖南常德、洪江、芷江等地讲经并作抗日救国宣传。期间，曾于1940年元旦担任嵩云寺住持，在洪江主持护国息灾弥陀大法会。传戒期间，曾被怀疑为共产党员而被捕。1942年，谛闻入川赴渝宣传抗日救国，并还俗从事教育工作，直到1957年被打成右派一直在古蔺县担任中小学教员。1979年平反退休，1980年当选古蔺县政协委员。他于1939年在宁波出版《尘影集》、1980年出版诗文集《又凡麟爪集》。他的一生在平民教育、佛教教育、实业教育诸方面贡献卓著，《北平法源寺设立平民学校感言》《论教育与佛教之关系》《中华佛学院开学感言》为其代表作。

和年恒

生于1900年，卒于1985年，为香格里拉市三坝纳西族乡白地行政村水甲自然村人，法名东恒，13岁被本村大东巴收为门徒学习经文，14岁即名列众学徒前茅，15岁起独立主持道场法事。他精于诵读各种经典，以及奏乐、歌舞、绘画，还是造纸高手，能治病救人，土、水、石、泥、瓦匠手艺样样在行，深受四方乡亲尊重。新中国成立以来，一直热衷于保护传承东巴文化遗产，曾多次赴丽江等地帮助翻译东巴经典，并多次将自己书写、收藏的东巴经典等无偿捐献给国家。

习阿牛

生于1915年，卒于2009年，法名东牛，为习氏第十四代东巴传人，为香格里拉市三坝纳西族乡日树湾村人。18岁起学习东巴舞蹈及诵经、主持法事，30岁能独言主持法事，尤其精于东巴舞蹈，人称“唱、诵、画、舞四绝”，对《东巴舞谱》中所记录的舞蹈之场位、路线、动态、法器使用，他都能一一加以真实生动地再现，而类似的舞谱——西班牙“拉班舞谱”比这套舞谱晚了许多年。据习阿牛介绍，他能跳的东巴舞分神舞、鸟兽虫舞、器物舞、战争舞、踢脚舞共五大类，具体有老鹰舞、大鹏舞、孔雀舞、白鹇舞、大象舞、青龙舞、白马舞、牦牛舞、白额黑犏牛舞、飞龙舞、马鹿舞、豪猪舞、大脚赤虎舞、刺猬舞、山羊舞、青蛙舞、鹰翅舞、鹰爪舞、神灯舞、神杖舞等等，为保存古老的舞蹈文化遗产做出了重要贡献。他于1999年参加国际东巴文化艺术节，并于2005年被授予“中国民间文化杰出传承人”称号。

东巴王
习阿牛

洛桑益史

1929年生，2011年卒，为云南宁蒗县永宁乡黑瓦俄岛人，永宁总管府总管阿少云之子，人称哲蚌寺措钦活佛丹甘赤珠之转世，于1936年农历三月十五日在永宁扎美戈寺正式坐床。13岁前往西藏哲蚌寺学经修行，至1955年学完必修的显宗密宗经典，并通过格西考试获得学位。1956年，他回到泸沽湖边在扎美戈寺任活佛，参与了宁蒗彝族自治区成立协商工作。但在1958年以后遭受不白之冤，直至被赶出寺院到达坡村当农民。1978年，他被平反调县政协工作，任政协委员和人大代表。此后，他先后任宁蒗县第六、第七届政协副主席，宁蒗县人大常委会副主任，省佛协副会长，省人大第五、六、七届代表，丽江市政协副主席，省政协委员，省佛协第六届常务理事会名誉会长，丽江市佛协会长，中国佛协理事。1990年10月，他因为落实党的民族政策、宗教政策所做出的杰出贡献，被国家民族事务委员会授予“全国民族团结先进个人”称号；2004年被评选为藏传佛教高级学衔评审委员会委员和指导委员会委员。

洛桑益史

雪山書院
Snow Mountain Academy

第七章
教育纳西

重视教育是纳西族英才辈出、文化灿烂、社会进步的重要原因之一。历史发展已经证明，只有知识能改变一个人的、一个家族的甚至是整个民族的命运。从而，无论是在丽江古城还是穷乡僻壤，每一个纳西族家庭都以受教育为乐，每一个人一生最尊敬的人首先是教师，而且一日为师便视如终生父母。

重视教育是纳西族英才辈出、文化灿烂、社会进步的重要原因之一。历史发展已经证明，只有知识能改变一个人的、一个家族的甚至是整个民族的命运。从而，无论是在丽江古城还是穷乡僻壤，每一个纳西族家庭都以受教育为乐，每一个人一生最尊敬的人首先是教师，而且一日为师便视如终生父母。当然，这个教育是广义性的，能者为师，只要具有一技之才，他便是教育者。只要这种教育能够传道、授业、解惑、教技，无论是家庭教育、社会教育、学校教育，也无论是宗教教育、世俗教育、伦理道德教育，都被人们所喜爱与重视。

东巴教育

“东巴”在纳西语中为“智者”之意，他们几乎掌握有纳西族社会生产生活的全部技能与知识，故而受到人们的普遍尊重，尤其是那些东巴中的大东巴更是作为道德高人与文化大师受到人们的崇拜。

年轻东巴在老东巴（右一）指导下，捏制祭祀用面偶

这些东巴及东巴大师的知识及其权威是怎样获得的呢？一般讲，东巴只在家庭内按父系进行父业子继传承，在家中无男嗣的情况下才作家族内传承。当然，也有为追随名师而改奉其他家族东巴大师学艺的情况，但这并不多见。对弟子的教育，东巴先生先令其学文字、诵经典，并引领他到自己所主持的各种仪式实地观摩场地布置、经书诵读、起舞伴唱，接着掌握东巴画的绘制、东巴神器神偶的制作，最后学会东巴医药、天文历法以及占卜等知识技能。小东巴在学徒阶段一般充任助手的角色，当他能够单独主持仪式之后即成为正式东巴。经过长期实践

东巴大师们在研究经文

与考验受到区域性认可与信服之后，他即可成为“大东巴”，具有调兵遣将，主持大型仪式的资格。

对于东巴来说，一生最大的愿望是到东巴教圣地白地去朝拜东巴教亚圣阿明什罗修行驻锡过的“阿明灵洞”朝拜，并接受当地最有权威的东巴王所主持的“加威灵”仪式。如奉其他家族大东巴为师，作为学生的小东巴要请老师取法名，然后食宿于老师家做无偿劳动，只在夜间及劳动之余或大东巴主持有关仪式时学习东巴教知识技能，直到出师为止。这个过程，一般需要3年左右，也有只学习一两年就毕业者。东巴出师之后，要永远侍奉老师，随喊随到，并且无论写信、诵经、跳神舞、画神像、制神器、扎神纸、制神偶等，都要严守师法师规，不可有任何差错及变异。

文峰寺静坐堂

文峰寺静坐堂位于丽江古城西侧文笔峰半腰，是滇西北噶玛噶举派十三大寺之最高佛学院。佛教把世界分为四大部洲，文峰寺静坐堂属南赡部洲二十四灵洞中的第一洞。因此，十三大寺中凡已取得格隆称号的喇嘛，必须到此静坐修行3年3月3日3时3刻，然后取得都巴学位，以获独立主持法事的资格。文峰寺始建于清雍正十一年（1733）。是年，西藏噶玛噶举四宝法王到丽江传教，并希望知府管学宣建寺。于是，管学宣准而从之，并历5年建成。道光八年（1828），丽江府绅庶各界集资重修大殿，称为桑纳迦卓林，意为“秘教圣地及东天福地喇嘛寺”，后改名为文峰寺并延续至今。该寺最兴旺时曾拥有5个大院公房、24院僧房、僧侣800多人，居十三大寺之首，从而产生拥有静坐堂的迫切需要。文峰寺灵洞壁上题有“南洲第一灵洞”六字及数行跋语，依洞而盖之灵文阁就是静坐堂。

雪山书院

雪山书院创建于清雍正三年（1725），首创者为丽江府首任知府杨馝。至光绪年间，时任丽江府知府陈宗海、纳西族进士和庚吉、雪山书院山长纳西族耆老李福宝等在书院原基础上进行改扩建，使藏书楼更恢宏、教室更宽敞、门楼更高大。光绪三十年

雪山书院

（1904）正月，其下创办丽江劝学所，由纳西族举人周玮为首任劝学员及学务总董。同年三月，知府彭继志在书院创办云南首份、全国第二份白话报《丽江白话报》以开风气之先。随后，纳西族士绅杨宪之于书院成立“丽江活字版制造所”，使之成为云南铅字排版、活字印刷发祥地。进入民国以后，雪山书院创办多级小学，不久即成军营，只有藏书楼幸免于难。1919年，时任劝学所所长王成章在原藏书楼基础上创建图书馆，并于1927年改建公立博物馆，所藏图书在原5 700余册基础上又有大进。

雪山书院从1723年丽江改土归流后第二年至1905年废除科举期间，共培养出纳西族2个翰林、7个进士、60个举人、10多个副榜、21个拔贡，以及众多贡生、廪生，为国家及地方尤其是纳西族源源不断地输送精英与人才。

丽江府中学堂

创建于光绪三十一年（1905），创建者为丽江府最后一位知府彭继志，是云南创办最早的名牌中学。据记载，彭继志在任上热衷文化教育事业，最初与纳西族进士和庚吉等商议建立丽江府中学堂，并以东竹林事件罚款所得银两及罚没商人漏税款额作为校舍建设基金，并从日本购入教学仪器标本。这得益于所聘纳西

丽江市第一高级中学

族教师周冠南曾留学日本并攻师范专科。

民国后，云南都督府调整全省各处中学堂列入省款开支，并于1913年将丽江府中学堂改设为云南省立第六师范学校，府中则归入大理。1914年，经各方人士相商，丽江、鹤庆、剑川、维西、兰坪、中甸六县共同创办六属联合中学，以补丽江无中学之不足，经费则以原属丽江府中学堂之松桂骡马交易会税款支出。从1917年起，云南省立第六师范学校改名为丽江中学并省属，先后培养出一大批留日、留法或赴内地北师大、燕京大学、清华大学、北平大学、中山大学等进学的纳西族学人。其中，李汝哲、李汝炯、李耀商、陈可轩、方国瑜、李寒谷、周杲、周霖、赵银棠等均为翘楚。抗战时期，一批批毕业于西南联大、云大及其他大学的高材生先后到丽江中学任教，使其教学质量飞速提高，每次参加云南省会考者均名列前茅。1947年，该校曾有6名纳西族学子一次考中赴美留学资格，一时传为佳话。

新中国成立后，这所学校获得空前发展，经不断改名为"丽江中学""丽江地区第一中学"，现已正式定名为"丽江市第一中学"，于1998年被云南省教委评定为"云南省一级二等完全中学"，至今为国家培养数万名优秀人才，有的成为省长、将军、作家、科学家，活跃于全国各地各条战线，乃至世界各地。目前，丽江市第一中学拥有教职员工150余名，学生近3 000人，校园占地面积290.4亩，藏书12万册，电子图书25万册。

方国瑜

生于1903年，卒于1983年，字瑞丞，是纳西族著名历史学家、民族学家、教育家、语言文字学家，是西南民族史地学的开创者、云南地方史的奠基人、纳西学的鼻祖。

他出生于丽江市古城区五一街，1922年毕业于丽江联合中学，1929年后先在京师大学、北京大学、中央研究院历史语言研究所学习，分别师从钱玄同、章太炎、刘半农、余嘉锡、马叔平、陈垣、梁启超、赵元任、李方桂等治音韵、训诂、目录、校勘、名物、金石、史地、语言诸学，毕业后曾在京师大学研究院、民国大学、洛阳师院、云南大学历史系等从事教学与研究工作，历任编辑、教授、系主任、文学院院长、全国人大代表、九三学社云南省工委副主任、云南省民族研究所副所长等职，先后出版《方国瑜文集》（5卷）、《云南民族史讲义》（4册）、《云南史料目录概说》（3册）、《中国西南历史地理考释》（上下册）、《滇史论丛》《抗日战争滇西战事篇》《纳西象形文字谱》《彝族史稿》《汉晋民族史》《中国少数民族史讲义》《中国历史地图集·西南部分》（与尤中等合作）、《云南金石文物题跋》《滇西边区考察记》《广韵声汇》《广韵声读表》《隋唐声韵考》《慎子考》《慎子疏政》《论学存稿》《新纂云南通志》中之《疆域志》《疆域考》《疆域沿革考》《疆域沿革图》《宗教考》《金石考》《族姓考》，主编《云南史料丛刊》（13册），被誉为“南中泰斗”。

“南中泰斗”方国瑜

第八章
名胜纳西

纳西族现居横断山脉深处，处喜马拉雅山东段，故有雪域高原之壮观，又依六江流域而生息，多急流飞瀑之雄奇，还连缀滇川之间的谷地平坝，从而秀湖美泉比比、林海草滩莽莽。这些风景名胜与古老的纳西民俗，越来越强烈地吸引着全人类的目光。

纳西族现居横断山脉深处，处喜马拉雅山东段，故有雪域高原之壮观，又依六江流域而生息，多急流飞瀑之雄奇，还连缀滇川之间的谷地平坝，从而秀湖美泉比比、林海草滩莽莽。有一位日本学者曾在游历尽我国西南各地之后感叹道："纳西族占尽人间春色、西南美景。"这当然是主动选择的结果，更是积极保护的成就。同时，纳西族作为南迁羌人，在到达现居住地后接受汉、藏文明，发展升华传统文化，建立起灿烂的纳西文明并遗留下种种文化遗产。它们都在纳西族古代人与自然和谐相处的自然观、社会观指导下得以实现，并为人类更为中国保护下珍贵的自然与文化瑰宝，先后获得三项世界遗产。它们是：丽江古城于1997年获"世界文化遗产"、纳西族《东巴经手稿》于2003年入选"世界记忆遗产"，丽江为中心的三江并流区域于2012年获"世界自然遗产"。民俗文化也是纳西族文化的重要部分，包括生产、生活、物质、精神、礼仪、制度等各个方面，呈现出异样的生命光鲜，生活情趣，审美亮丽，具有浓郁的民族特色与文化温度。目前，这些风景名胜与古老的纳西民俗越来越强烈地吸引着全人类的目光，年游客量至2014年已达到3 000万人。

其名胜包括自然景观及文化景观，这两者高度统一，天赐纳西族一方旖旎迷人的风景。它们有雪山，有峡谷，有江河，有湖

张艺谋导演的大型实景演出《印象丽江》

泊，有华泉，有森林，有草滩，可谓美不胜收，最著名的可举玉龙雪山、虎跳峡、泸沽湖、白水台、黎明黎光丹霞地貌、长江第一湾。正是它们应验了“地灵人杰”的古谚，为纳西族提供了生存发展的用武之地、灵感创造的自然空间、人才辈出的物质条件。

玉龙雪山

纳西族神话中拥有一座顶天立地的神山——居那什罗山，故而这个民族一直深怀对高山巨岳、尤其是对雪山的特殊依恋：贡嘎山曾是两汉时期纳西族先民摩挲人的皈依，哈巴雪山至今仍凝聚着纳恒与阮可两个支系的精神，玉龙山更是全体纳西族心目中的神山、圣山，并被奉为保护神、战神三多的化身，以至于被南诏尊崇为“北岳安邦景帝”。

玉龙山位于丽江古城以北30千米处，是北半球最南端的雪山，南北长35千米，东西宽13千米，大约形成于4 000万年前的地壳运动，是印度板块与欧亚板块相挤压隆起的自然奇观。其山体分13峰，居中者称扇子陡，最高处海拔5 596米，并仍在成长之中。它终年积雪，以险、奇、美毕集于一身而著称于世，上有云杉坪、牦牛坪、冰塔林、玉柱擎天、玉湖、白水河、甘海子、

玉龙雪山远眺

▲

玉龙山下
云杉坪

蓝月亮等景区，山麓建有祭祀它的“北岳庙”（又称三多庙）。明代木氏土司曾在其南麓建夏宫避暑，并养鹿为苑。20世纪上半叶，曾有美国学者约瑟夫·洛克在此蛰居28年研究纳西族历史文化，并终成一代宗师。在纳西族民间故事中，玉龙山深处还有一个专门为忠诚于爱情的青年男女存在的乐园——“玉龙第三国”。那里雉鸡司晨，马鹿为耕，老虎作骑，四季鲜花开放，全年歌声不断，没有苍蝇，没有蚊子……一切都为爱侣而陈设。

长江第一湾

长江自青藏高原发源之后，与澜沧江、怒江一路齐头南奔直往大海。后因横断山脉发生大地震，致玉龙山与哈巴雪山开裂为二，金沙江便从石鼓沿裂缝东奔，不再与澜沧江、怒江为伍，而是穿山过峡直奔太平洋，造成了浩浩长江文明。于是，石鼓便成为长江改道的关节点，并以“长江第一湾”之名饮誉全球。

长江第一湾以上50千米起至以下150千米止的节段在唐代称“麽些江”。可见，当时已有纳西族先民分布该节段两岸，并居统

长江第一湾

治地位。它位于玉龙县石鼓镇与香格里拉市碧松村之间，海拔1 850米，长约2 000米，宽约1 000米，呈由北而东急转120度大湾，并转弯处江面弧形如开满月弓之状。两岸有柳堤，江中则常见“渚清沙白鸟飞回”，至雨季方水瀼两岸、江面平阔、回澜壮观。民间称这里是诸葛亮五月渡泸之所，也盛传蒙古铁军曾于1253年于斯“革囊渡江”荡平大理政权，将云南重归于中央王朝统治之下，遂有纳西族首领阿良迎降元军入滇助其征缅之说，亦附会出“白沙细乐”作为“别时谢礼”维系蒙古族与纳西族友好关系的故事。

虎跳峡

中国最深的峡谷之一，位于丽江市玉龙县龙蟠乡与迪庆州香格里拉市虎跳峡镇之间。峡长16千米，南岸为玉龙雪山，北面为哈巴雪山，最宽处约100米，最窄处仅有30米宽。江流在峡谷内连续下跌7个陡坎，从入口处到出口处落差达210米，最著名景点为虎跳石。著名漂流长江英雄尧茂书在这里“壮志未酬身先死”，留下千古遗恨。虎跳峡是纳西语“拉蹉阁”的汉语义译。

知识链接 据称，这里本无峡谷，是连为一体的玉龙雪山与哈巴雪山分裂为二后，两者间仅以一巨石相隔之，后有一老虎以此石为支点来往于两岸故得名。

虎跳峡分上虎跳、中虎跳、下虎跳三段，总计18险滩。上段从金沙江与冲江河汇合处算起，江口逐渐缩小，江水骤见湍急，

虎跳峡

每秒流速达6—8米；在中虎跳，密集分布有核桃村、阿昌阁、观音瀑、阿昌本当命景点。尤其是虎跳石上下狂涛汹涌，白浪惊天，恰似卷起千堆雪，震人心魄；下虎跳靠近玉龙县大具镇及香格里拉三坝乡哈巴行政村，流速渐缓，江面逐渐归于平静，旧时在其上架有铁索桥，平添两岸纳西族、藏族、回族、汉族、彝族群众之交通便利。

泸沽湖

泸沽湖在纳西语中称“拉套恨”，位于四川盐原县与云南宁蒗县之间，环湖居住者大多为纳西族纳日人，另有一些纳西人、普米族村落，所以一般称它是“纳日人（摩梭人）的母亲湖”。由于居住在这里的纳日人长期盛行母系家庭制及走婚制，人们又称她是人类母系文化的最后领地。

泸沽湖面积共50多平方千米，海拔2 690米，平均水深45米，最深处达93米，透明度高达11米，最大能见度12米，17个沙滩，14个湖湾，北面峰峦高出湖面1 800米，属高原湖泊。泸沽湖是中国第三大深淡水湖，内有5个全岛、3个半岛、一个海堤连岛。其中，黑瓦吾岛、里无岛、里格岛被称为“泸沽三岛”，

"黑瓦吾岛"曾建有永宁土司行宫，以及国际纳西学大师约瑟夫·洛克之别墅；雾比岛最大，上建一座藏传佛教寺庙。

泸沽湖的来历有如下传说：泸沽湖原是一个坝子。有一年的某天，一个放牧的男子在狮子山上发现一条鱼夹在一个山洞口，便使劲将它拖出帮助逃生。结果，山洞中洪水汹涌而出，淹没了山下的田地村庄，只有一个妇女匆匆坐上独木凿成的猪槽船成功脱生。从此，泸沽湖形成，并产生了母系家庭与走访婚，以及划独木舟的习俗。

秀美绝伦的母亲湖——泸沽湖

▲ 清晨的泸沽湖

▲ 坐在猪槽船上的纳日妇女

黎明黎光丹霞地貌

在丽江市玉龙县老君山东麓的黎明黎光，现有纳西族、傈僳族村落多座。就在这些村落间，有一片占地200多平方千米的丹霞地貌。它由红色砂岩形成。大约在9 000万年前，因气候干热导致当地沉积在低洼盆地的碎屑物经氧化形成砂砾岩层。之后，因地壳运动致使岩层产生断裂、剥蚀、冲刷、切割、重力崩塌，形成了云色的悬崖、孤峰、石柱。观之“色若沃丹，燃若红霞”，故称丹霞地貌、丹霞赤壁。有专家认为，黎明黎光丹霞地貌在全国面积最大，景色最壮丽，并且其相对高度、绝对高度、壮观程度、色彩绚烂程度均居首位。至于千龟山上的“龟甲”表面，盖源于红砂岩表面发生干裂后其缝隙发生风化和侵蚀作用，从而形成大量凸形纹理，状似千龟奔走。该奇观亦在我国堪称一绝。

黎明黎光丹霞地貌

黎明黎光丹霞地貌另有神鸟彩屏、睡佛、五指山、情人柱、自然佛、炼丹炉、石棺山等景观，处处充满险、幽、秀、奇、趣、神的自然美学特色，为纳西族地区又添一处天工景象。

白水台

它位于香格里拉市三坝纳西族乡白地村，纳西语称“巴帕迪”，既有“起白沫”之意，又可释作“大白花”或“筑白埂”。其海拔高2 380米，其造型犹如一层层梯田，并晶莹剔透，被誉为“玉鉴琼田”。至于它的成因，一般认为是含碳酸氢钙之水经太阳照射后蒸发，而碳酸钙质本身则不断沉淀堆积，最终形成了泉华台地。

白水台分台下、台面、台顶三个部分。台下有一外凸鼓形白色积石，并在下方自然纵向开裂一道石缝，宛如女腹及其性器，凡有求子嗣者必在此烧香祭拜，并将若干米粒钱币投于石缝。由此而上，但见一层层玉阶弧状叠加，其内所蓄积的流泉“天光云影共徘徊”，纤尘不染。台面上，整个台地一览无余，一派晶明世界，或清波粼粼，或白绢柔曼，或云波雪浪，令人忘却今日何日、今夕何夕、今年何年，只当自在琼楼玉宇中。台顶上，10多个泉眼从苍苍古栗树间汩汩喷珠，下泻的泉水即成白水台之流液。众泉西侧立有褐色摩岩，上刻明代纳西土司木高题诗一首：

五百年前一行僧，曾居此地守弘能；
云波雪浪三千垄，玉埂银丘数万塍。
曲曲同流尘不染，层层琼涌水常凝；
长江永作心田玉，羡此高人了上乘。

应当强调的是，白水台是白地一带每年农历二月八祭署圣地。是日，成千上万的民众往往从各地蜂拥而至祈福求子求寿。而在它的北方，人们可以遥拜东巴教亚圣阿明什罗静坐修行的灵洞。

玉泉公园

俗称“黑龙潭”或“龙王庙”“玉泉龙王庙”。因该地位于丽江市古城北侧，嘉庆、光绪先后敕封“龙神”，且建有龙王之庙堂而称之。它坐落于象山南麓，始建于乾隆二年（1737），光绪

玉泉公园

十八年（1892）重修，民国至新中国成立后续修不断。原占地40 000平方米，除主体建筑外，另建有牌坊门楼一座，锁翠桥一座，戏台一座，一文亭一座，得月楼一座；“文革”后不断迁建的有光碧楼、图书馆、五孔石拱桥、五凤楼，新建的有东巴文化研究院等；另有文物锁翠桥古对联“惊涛撼树飞晴雪，未雨垂虹卧曲波”，得月楼楹联“近水楼台先得月，向阳花木早逢春”；1963年郭沫若辑毛泽东词所作“春风杨柳万千条，风景这边独好；飞起玉龙三百万，江山如此多娇”，以及郭沫若为周汝诚所撰并书写的对联“龙潭倒映十三峰，潜龙在天，飞龙在地；玉水横陈半里许，墨玉为体，苍玉为神”，匾额“得月楼”等。

玉泉水属玉龙雪山水系，分多股暗流从古栗树下涌出，水清如玉。但见海菜花满潭，游鱼如梭，古木苍苍，令人心旷神怡。从锁翠桥溢出之水顺势而下，构成滔滔江河，并至玉龙桥一分为

玉泉公园

三，供古城近万户居民饮用、洗涮，造成“家家流水”的景观。水尾则各注东、西、南三方农田，利在城乡生产生活各个方面，成为丽江古城及其郊区的血液。旧时于每年农历三月在龙王庙举行官绅庶民全体参加的龙王祭典，祈求龙王永续保佑。后来，祭龙王衍生为龙王会，以举行盛大物资交流活动，并以主要交易骡马等大型家畜，故逐渐蜕变成了“三月骡马会”或“三月物资交流会”，离神越来越远，而离经济贸易越来越近。

第九章
民俗纳西

民俗是纳西族文化的基础性存在，既有物质形态、精神形态，又有制度形式、技艺形式，囊括节日民俗、人生仪礼、巫术信仰、商贸交通、村规民约、生产生活、游艺娱乐等各个方面，充满生命的力量、生活的美感、情感的温暖、生存的智慧，以及对自由、幸福、理想的向往。

民俗是纳西族文化的基础性存在，既有物质形态、精神形态，又有制度形式、技艺形式，囊括节日民俗、人生仪礼、巫术信仰、商贸交通、村规民约、生产生活、游艺娱乐等各个方面，充满生命的力量、生活的美感、情感的温暖、生存的智慧，以及对自由、幸福、理想的向往。

年中行事

年中行事指一年当中按时序所安排的民俗活动，俗称节令民俗。如此一来，年这一时间体系就十分重要，它到底是本民族所独存，还是与其他民族所共有，或是完全依靠其他主体民族之年历体系，就必然影响到年中行事的共性与个性存在，亦即与别人共度还是自己独过，是自成体系还是有分有合，且分中有同，同中见异。

种种情况表明，纳西族从很久以前就接受汉族年历体系，以安排全年的生产、生活，从而六十花甲、一年360天、12个月、4季、24节气、每10天一旬等都随着纳西族逐渐加入中原文明体系而不断增大，与之相应的节日、信仰、传说、活动等亦纷至沓来，出现了东巴经典所载年历树：从居那若罗山上，太阳从左边转，月亮从右边转，除夕的那天晚上在居那若罗山上相见，初一那天又在居那若罗山上分开，就开始有了1月30日。它被具体形象化为含英巴达树：1树12枝，1枝30叶，全树360片叶。但是，纳西族似曾有过独立的天文历法文明，并与同一语族、语支的天文历法血脉相通，从而在汉族历法体制内嵌入了纳西族的民俗生活。比如说，“火把节”是彝语支民族共同的节日，现虽固定于农历六月二十四日至二十六日，但在纳西语中称“创美生厄”，原意为“六月回转节”，表明是一个年历周期结束后又一周期的开始，暗示出曾有过以六月二十四、二十五、二十六为岁末的历法。在纳日人中，还有每年农历十一月为新岁之始的年俗，与藏历年、彝族太阳历年具有某种对应关系。纳西族节令活动中较有代表性的可举新年祭天、二月八祭署或祭三多神、六月火把节、七月二十五日朝山节。

新年祭天

纳西族自称是“祭天的子民”。祭天对一年伊始十分重要。据东巴经典《创世纪》记述，人类始祖崇仁利恩在大洪水中劫后余生，与天女衬红褒白命结为伉俪从天下凡，在美丽的玉龙山下生下三子，并通过祭天使他们开口说出藏、纳、白三种语言，各成为这三个民族的祖先。从此，祭天习俗也就在纳西族中传承下来。因而纳西族社会在按叶、束、禾、麦四个血统加以组织之外，还按普笃、古徐、古哉、古珊、阮可、喜家六个祭天族群加以构建。他们各有固定的祭天神坛、祭天东巴、祭天经典；永宁纳日人则仅仅以家庭为单位将天神与其他神灵一道混祭。而对汉族移民后裔来说，汉式春节民俗一直保持如故。

祭天时间在各地略有不同，但必须从年终开始准备、新年开始行祭，一般为腊月二十四起酿祭天酒、清扫祭天坛、筹措祭天用品；二十九日除秽并准备祭天米；三十日下午量祭天神米，并在设于院内的祭天灶中烧天香；正月二日各家男女均去河边净

新年第一天，四川木里县俄亚乡纳西族村民举行烧天香仪式

身；正月初三搓天香及洗神米。以上为预祭。从正月初四至初七则为正祭：初四，先一早告祭，后全家入坛布置祭坛，祭拜天神并贺岁，然后尝祭天酒，举行射杀仇敌仪式，各户交换猪头肉，傍晚接福而归；初五，先宰祭天猪，举行躲郭洛兵仪式、生献、称祭天猪、煮祭天猪、熟献，后献酒、送礼、求福、撒神谷、向乌鸦施食，最后回家；初六、初七，各户要选一天在家中诵《延年益寿经》。至此，正祭完毕，并于初八日转入全家族回祭坛举行大补过仪式，于初九举行小补过仪式，以确保整个祭天仪式过程真实无误，毫无遗漏。在这个仪式上，最重要的是由祭天东巴主诵祭天经《创世纪》，即纳西语之“崇搬图”或“崇般统”，讲述自然万物、人类、民族、家族的来历，以唤醒历史记忆，强化族群内聚力，提振民族精神。

二月八

这个节日在丽江古城区及玉龙县各地被称为“三多节”，在香格里拉一带则称祭署节。

知识链接 **“三多”** 在纳西族信仰体系中被视为一位白盔白甲、手持白矛、百战百胜的将军，死后被奉为纳西族的保护神、战神，并化身为玉龙雪山。故而在玉龙雪山南麓、白沙坝子尽头的玉龙村建以“三多庙”或称“北岳庙”加以祭祀。

每年农历二月初八，纳西族人到三多庙祭拜三多

香格里拉市三坝乡纳西族每年农历二月初八在白地村西的华泉台地水源处行祭。祭祀完毕后，大家跳起传统歌舞庆祝节日

每年农历二月八，丽江城郊官绅士民均要前来祭拜三多，并分官祭、民祭两种。其实，三多庙在丽江纳西族地区广为分布，甚至纳西族人迁至何处就要在那里修建三多庙，一如福建人走到哪里就把妈祖庙修到哪里。旧时，纳西人远行从军、赶马、求学、科考，出发前都必须先到当地三多庙烧香祭拜，以求保佑，赐予平安。

在纳恒人当中，二月八一如汉族的龙抬头，认为署神从此苏醒，故而要齐集白地村西的华泉台地水源处举行祭祀大典，祈求五谷丰登、六畜兴旺。在人们的信仰中，署如同龙主宰着大自然的命运。处理好人类与署的关系乃是维持自然秩序、社会秩序的根本保证。人们相信，署与人乃同父异母兄弟，他喜好洁净，伴水而居，只要不伤害自然万物，他就乐于保佑人类幸福平安。所以，要请祭署东巴念诵《鹏龙争斗》经典，并表演其中的某些情节以娱署、谢署。

火把节

每年农历六月二十四至二十六日，各地纳西族都要举行火把节。究其原因，是时正值稻子抽穗、瘟疫横行，人们要靠火的力量将蚊虫、飞蛾加以消灭，以求庄稼丰穰、人们身体健康。此节在南诏时代即已盛行，并称之为“星回节”，还演绎出“火烧松明楼”的凄美传说。火把节所扎火把有大有小，大者要立于路旁

火把节期间，丽江纳西族家家户户门前都会点起火把

村中，并插以鲜花；小者则握于手中，方便人们奔走田间地头嬉戏跳跃。是节，人们要载歌载舞，或斗牛、摔跤，或放孔明灯、对唱民歌，最后一夜挥刀驱鬼，焚烧纸钱及五月端午用过的彩带。

朝山节

它又叫“转山节”，时在农历七月二十五日。是日，永宁一带纳日人要倾巢出动，朝拜干木女神山及哈瓦山等。人们或步行、或骑马，绕山一周之后要在女神庙烧香磕头。不能转山者，可捏一面偶请达巴念经后托家人带至山上抛弃之。干木山上，各村有固定祭祀场所，人们便以村为单位烧香还愿。祭拜之后，野餐、赛马、对歌，不一而足，成为男女青年结交阿注（情人）的最佳时日。之所以转山行祭，纳日人认为干木山是干木女神之化身。这位女神聪慧美丽，云彩是

纳日人朝拜干木女神山的朝山节

她的发辫，红霞是她的面容，彩虹是她的腰带，白云是她的褶裙，泸沽湖是她的毛毡，永宁坝是她的绣鞋。是她，保佑着干木山下的老少安康、男欢女爱、庄稼丰收、牲畜兴旺。祭拜她，必能获得自己与亲人的幸福。

人生仪礼

纳西族的人生仪礼包括出生、成人、婚姻、丧葬四个部分，并有汉式与本民族传统形式两套。显然，汉式人生仪式是纳西族向汉文化全面开放，尤其是汉族移民大量融入纳西族社会之后才逐渐在以丽江古城及其郊区、江边沿线普及开来的。而本民族传统人生仪礼与东巴教信仰（达巴）密切结合，从形式到内容都源远流长，根深蒂固，故而在传统社会、边远山区稳定传承。它们都对应于受孕期、婴儿期、少年期、青春期、壮年期、老年期、死亡期设置，以咒术行为及一整套仪规为人们祝福求安，以保证生命的存在健康，以及死后灵魂的平安无忧。这里，仅举传统人生仪礼中的成丁式、阿夏走婚、逛街、殉情、舅舅送毡作介绍。

东巴诵经超度死者灵魂

成丁式

成丁仪式曾在全世界范围内普遍存在，但其时点各异，如汉族古代是“男子二十而冠，女子十六而笄”。另有一些民族或为12岁，或为16岁，不一而足。而纳西族确定在13岁，是因为纳

宁蒗县纳日人“锅庄舞”

成年礼是纳日人最重要的生命礼仪之一。这是给年满13岁少女于大年初一在母屋女柱下举行穿裙礼。她的双脚踩在粮袋和猪膘上，象征一生丰衣足食

西族采用十二生肖纪岁纪时，以表示一个人生下后的第一个生肖环已经过去，第二个生肖环正式开始。它是典型的婴儿与少年之期结束，包括青春期、壮年期、老年期在内的成人期开始发轫的交节点。从此，一个人将作为成人正式负担起对家庭、家族、村落、部落的全部责任，同时享受从生理到生产、生活、宗教信仰等方面的全部权利。

成丁式在纳西族中分“穿裤礼”“穿裙礼”两种，前者限于男子，后者限于女子。不过，它现在已仅仅残存于纳日、纳恒、阮可几个支系，在纳西支系中则随着大规模改从汉俗已“夜阑马嘶晓无迹”。

“穿裤礼” 在鸣音，男子在13岁生日接受“穿裤礼”。是日晨，家人要在正屋火塘置一猪膘肉，让受礼者立于其上，两手分别放在火塘尾扶手旁的猪油饼与大米上，为他穿裤者必须是属相应对的亲人。其所穿者过去为白色手织麻布裤，到后来逐渐变为白色机织布，乃至普通的裤子，无布料及色彩要求。这个仪式一般由祭师东巴主持，并诵祭辞。祭坛上要放置油灯，燃烧香炷及香柏，气氛十分庄严肃穆。穿完裤子后，受礼者要向神灵及长辈一一跪拜并点油灯，亲友长辈则要赠送贺礼。据说，在俄亚一带还要给受礼者送战马、刀枪、盔甲之属，以激励他从此成为战士

保家为族。接下来，参加者要聚在一起吃家神饭，内有米饭及两块大肥肉。

“穿裙子礼” 在宁蒗县永宁一带，纳日人要在正月初一早晨为年届13岁的女子举行“穿裙子礼”。受礼者要一只赤脚踩猪膘肉，另一只赤脚踩粮袋，以接受祭师达巴的祝赞，并由母亲之亲姐妹穿上百褶裙。穿戴完毕后，受礼者要先到经堂叩拜菩萨，再向众亲友一一磕头，一一接受礼金和贺词。达巴则在一旁祝诵道：“今天是个好日子，星星好，太阳好，月亮好，什么都好。你穿上了裙子，祝长命百岁，一生有吃有穿！”这天，受礼者还要到村中遍寻老人磕头，以求长寿。

逛街

丽江城郊一带纳西人在婚后第四天有新郎新妇逛街并买松明与韭菜之俗，有的人家还要买几条鱼回家。这出于古时有一个女子出嫁后婆婆于婚后第四天让她们夫妇去逛街买货，以考验她的治家能力之故。出门时婆婆分文不给，只让她们牵一头瘦羊做开销，并买回全院放不下、全家吃不完的货物。结果，聪明的新娘先卖掉瘦羊赚回钱，再用它买了一把松明与一把韭菜回家来。天黑时分，他们夫妇回到家。当婆婆问起所买货物时，她掏出松明点上火，全院变得亮堂堂，火光还照在了院外的树木上；她又拿出韭菜交婆婆，说这是吃了三天味还在、洗了碗筷沾锅边、全家吃也吃不完的货物。于是，婆婆大喜，心悦诚服地将腰间的治家钥匙解下递给了她。不过，从“松明”与“聪明”谐音，“韭

去走亲戚的纳日妇女

菜”与“久长”谐音的情况看，它似乎与汉族文化更加接近，只是做了一些纳西化的处理而已。

殉情

纳西族先民的恋爱婚姻比较自由，但自清雍正元年（1723）“改土归流”之后，封建统治者在丽江纳西族地区强行推行汉化，对纳西族的婚姻丧葬等“移风易俗”，媒妁之言、父母之命扼杀了年轻生命对爱情与婚姻的自主选择，迫使他们采取殉情的方式抗击包办婚姻，出现了或一对、或几对，甚至十几对青年恋人同时殉情的社会悲剧。有西方学者惊叹纳西族地区是“世界上最大情死之都”。其过程大约是：两情相好，却被父母另做主张。于是，两人约定殉情并悄然准备，确定日期。及至行期，两人带着新购衣物、食品之类先到三多庙行祭求一路顺利，然后寻一能遥见玉龙雪山之处，或直接到玉龙山麓殉情。其方式多样，有服毒者，有滚崖者，有自缢者，有投水者。他们相信死魂必能进入爱的乐园——玉龙第三国。事发之后，双方父母要四处寻找儿女下落，并在发现后就地埋葬，坟上压以土石荆棘，并请祭师东巴举行祭风仪式，既慰藉亡魂，亦防止其报复家人。据称，最早殉情者为朱普羽勒排、开美久命金，而玉龙第三国之主则为构土西刮与游祖阿祖二神。民间长诗《游悲》就是反映这一悲剧性民俗的长诗，它被木丽春、牛相奎改编为长诗《玉龙第三国》。

阿夏走婚

纳日人普遍实行阿夏走婚良久，直到20世纪中叶以后方逐渐减少。阿夏即纳日语中之“情人”，又译作“阿注”。其实，“阿注”只有“朋友”之意。其特点是：男子女子在接受成人礼之后即可自由恋爱，并且女子家中二楼设有特殊的“花房”，供男情人留宿。这种关系短则数十天，长则终生保持不变。生下的孩子因父母不婚不嫁而一直跟随母亲并受到姨妈、舅舅的永久关照。反之，自己亦要终生关照姨妈之子女，即自己之表兄弟表姐妹。阿夏婚不受金钱权力左右，更排斥血缘内婚，完全出自双方的感情，可长可短，可分可离，受限最小。

舅舅送毡

它盛行于纳日人中，即嫁出去的女子在亡故之后必有同胞兄弟前去验证是否正常死亡，在确认正常死亡后方同意出殡火化，并送死者一床白披毡作为陪葬品。有一个传说是这样解释它的来历的：古时，一对姐弟孤苦伶仃。姐姐成人后嫁往他乡，只有弟弟与一只狗相依为命。后来，弟弟成为一名猎手，前往深山狩猎，但猎物与猎狗一同失踪。当他追至山下时，一家富户正在举行婚礼，猎人便前去打听是否发现他的猎物与猎狗。女主人见猎人破衣烂裳，便称没看见猎物也没看见猎狗，甚至不按古规让他入席饮食，仅让他蹲在墙角吃剩菜剩饭。结果，猎人在吃饭过程中，不仅发现他的猎物已被主人藏在了一边，他还听到了他的猎狗的呼叫。于是，他一腔悲愤离去。当女主人从猎人离去时所唱的山歌中得知这便是自己的亲弟弟时，急匆匆追去并抓住猎人的毡角求他原谅，求他相认姐弟。但猎人以为是诈言，从而挥刀劈断毡角归山，导致女主人抓紧毡角气绝而死，害得其子女将她火化三天三夜也难于焚燃。在这种情况下，死者子女只好四处寻访舅舅，祈求他予以帮助。因受到神灵的启示，猎人前去死者家中并撩开其衣物确认死者即是自己的血亲，然后脱下白毡盖在尸上点火。结果，得到弟弟宽恕的姐姐尸体一烧而尽，纳日人中也就流传下“舅舅送毡”的丧俗。

服饰

服饰的第一功能是御寒，但它还是一个民族的突出标志，不仅可以反映其生产生活方式、居住地气候物产，还表明其审美观念与精神信仰。

纳西族是一个主要由从北迁南、由游牧改为定居农耕的族群形成的民族，分不同支系居住滇、川、藏交界地区，因而她的服装有历史的变迁、受地域及周边民族的影响，同时在质地、款式、色彩上具有独自的特色，成为其独特的民族符号。纳西族服饰分男女两大系列，男子短衣短衫，外穿羊皮褂，头上戴毡帽，

纳西妇女四种服饰

脚上着草鞋或皮靴。其衣裤大多为麻布，中青年以白色居多，老年则普遍尚黑。古时，纳西族首领好披虎皮，以示其权威。女子穿长裤礼褂外加坎肩，并在腰间束以围腰裘及膝下，而且无论老少皆披羊皮饰物，头缠黑帕。塔城一带则头缠红帕，脚穿布鞋或草鞋。追求厚重端庄、淡化性感是西部女装的重要特征，而强化轻盈、艳丽、鲜活等则是东部女装的色香所在。

七星披肩

七星披肩仅见于纳西族西部地区，所用材料为黑色绵羊皮，盖以其为黑羌后裔古来尚黑所致。其造型为羊皮取半圆状并留羊尾居下，上方以一宽约20厘米黑布或蓝布横向接缝。它们还左右两端各宽于披肩半圆面，上方横截线20厘米，等距离连缀7个圆盘，并垂下皮条流线，以示七星，而在左右两端各缀一大圆盘，分别示日示月。加在一起，即喻披星戴月、勤劳勇敢，以彰显纳西族妇女的美德。在纳恒、阮可及纳日支系中，纳西族妇女亦有披羊皮披肩之俗，但前者之材料取

白地纳西族少女的服饰。其羊皮披肩与丽江纳西妇女做工精致的风格不同，用整张白山羊皮做成，显得粗犷古朴

▲

纳西族妇女七星披肩

诸长毛山羊皮，以白为主，间杂黑色，皮型不加修整，皮里不脱脂、不饰物、不加工成白色。穿戴时，它们以白色毛面朝里，白色皮面朝外，并至肩部处外翻一尺余长毛为领，形如行云流水。纳日女子所用材料为黑色绵羊皮，亦未做任何加工，不加任何添饰，既可以以皮面为里，也可以以毛面为里。

百褶裙

纳西族妇女的百褶裙分半面围裙与长裙两种。半面围裙流行于西部方言区，长裙见于东部方言区。其实，西部方言区在“改土归流”之前亦盛行长裙，只是后来被剪掉半面并稍微改短，使之更加接近汉装而已。在塔城等边远山区，至今依然残存长裙形式。这种半面围裙有黑色、白色两种，上下缀粉蓝色宽边，尤其是上缘还双向加长做腰带，其中间则每5厘米折叠做褶垄以区别于汉族及白族围腰，十分精致美观。纳日妇女长裙上部紧束于细腰，下部曳及地面，由于收腰而呈上窄下宽，使百褶自然形成，毋庸特意折叠缝制。最具特色的是其下摆部环状贯穿以一条红

泸沽湖畔
纳日妇女
百褶裙

线，人们确信这条线所指者为祖先迁徙路线。头盘牦牛毛发辫，上穿黑色金边或红、黄、蓝、绿、青各色衣服，再用红色腰带束腰，配以白色百褶长裙，纳日女子便如神欲仙，楚楚动人。

饮食

由于先以肉食为主粮食为辅，后以粮食为主肉食为辅，纳西族的饮食丰富庞杂，形成了一种典型的杂食体系。又加之其特殊的自然观、社会观，纳西族的餐具、餐饮习俗、味觉审美、营养观念也别具一格。正是它们，保证了纳西族的营养结构、生命状态、生活质量、生产形式、生业部类，如纳西族在古代好战、豪饮、能歌、善舞，大多与其饮食多肉脂、乳制品、酒醪、好野餐有关。而在近现代，其儒雅、和平、宁静的民族性格则无疑是重谷物蔬菜、少饮酒、鲜生食等的必然结果。

野炊

野炊是各地、各支系纳西族的共同爱好。如纳恒人必于二月八在白水台各家族野餐祭署神。这是因为署与人是同父异母兄弟，只有从冬眠当中苏醒后与兄弟共饮同乐，它才会确保当年风调雨顺。如纳日人于转山节祭拜干木女神之后必在女神庙周边狂歌欢舞并餐饮，以求聪明、智慧、爱情、幸福；在纳西人中，祭天、祭地、祭祖、祭署都少不了野餐。即使在平常日子，他们也都三五成群相约成“化賨”饮酒作乐、野餐寻欢，力求人与自然和谐、人与人和合。此类野炊，有的搭帐篷，有的有固定场所，大部分不搭帐篷也无固定场所，随意择时定点即可。大都以暖锅为炊具，以自然树枝为箸筷，菜品只炖不炒，以火腿、鸡肉为主，以豆腐、粉丝、芋类为辅者。亦有在附近现采蘑菇、蕨菜、野葱、野白菜、野韭菜等入锅之情况。食用时先敬天地，后敬神灵祖先，再全体动筷，其乐融融。这当然是纳西族先民作为游牧民野外移动生产生活习性的孑遗，更是由于其天人合一、人署同父异母之自然观、生命观所致。

木府宴

木府宴是对明代丽江府木氏土司府宴饮文化之总称，既包括“大肴八十品罗列甚遥，不能辨其孰为异味也”的盛宴，也包括不同场合享用的便宴，还包括有关宴饮的习俗。较著名的菜品有柔猪、牦牛舌、胙肉、鸡，主食有酥饼油线、酥油面饼，点心有发糖，水果有白葡萄、龙眼、荔枝等，酒水有醴酒。它与“三叠水”并非同指，柔猪即乳猪，重五六斤，“以半饭喂成者，其骨俱柔脆，合体炙之，乃切片食”；牦牛舌“似猪舌而大，甘脆，有异味”；酥饼油线“细若发丝，中缠松子肉，为片，甚松脆”；发糖，“白糖为丝，细过于发，千条万缕，合揉为一，以细面拌之，合而不腻”。它们均见诸《徐霞客游记》，但徐公仅记述闻所未闻之奇点异食，对蔬菜类则未加任何提示。

三叠水

三叠水又叫“雪山宴”，前者因其呈八小盘点心、八大盘菜肴、八大碗煮炖、叠加似三道流瀑而称之，与纳西族建筑中中间高、两肩低的照壁称“三叠水”相对应。后者则因其形似雪山、下大上小、瓷盘瓷碗通体晶亮而相称。它们共包括24道大小荤素菜肴，仅见于招待极尊贵客人及重大庆典。因而，享用三叠水极讲究环境气氛，需设于名院名堂，使用名椅名桌，演奏名乐名曲，张挂名字名画，与其说是物质的享用，还不如说是文化的品鉴。其整个过程分奏乐入席、致贺词、上小菜、上主菜、退席几个阶段。其中，小菜为下酒用酥、脆、香、甜油炸品，共八种；主菜包括荤、热、大菜共八盘八碗，有煮有炖，有炒有煎，有冷有热，有汤有汁。另外，三叠水有大三叠、小三叠之分，小三叠用小碗，小盘各做冷、扣、炒四盘；大三叠在小三叠基础上各增加两个菜，但一律改用大碗。

大肉。又叫“大红肉”，寓意日子过得红红火火，是纳西族婚宴、节日宴席中必不可少的一道菜

煮暖锅

纳西族的暖锅其实就是火锅，但所用之锅均为铜制，不用陶器、铁器。煮暖锅燃料用栗炭，以确保操作过程无烟、无尘。暖锅用菜一般分12层，从第一层起依次为腔骨、排骨、腊肉、鸡肉、芋头、茨菇、土豆、百合、豆芽、豆腐、粉皮、粉丝。其味道可口，尤适于冬日享用，或是远足野炊。至于暖锅造型，底盘扁宽，下身做喇叭倒扣状并设有火门；收腰之后鼓腹呈环状，内侧空空以盛菜肴及汤水，其上加盖。腹外侧对称设两耳，以便于提携移动；最上部分约五寸许，做尖锥断头状烟囱。普通火锅高约尺许，足供十人许餐饮。

米灌肠。将猪血、糯米和各种香料灌入猪大肠后制作而成

凉拌吹肝

化赕

化赕之“化”在纳西语中为群体、团体之意，“赕”与汉语本义相通，但在纳西语中是“凑”之意，“化”与“赕”连结成词，即成“凑份子团体”，一望可知指民间经济合作组织。其特点是团体成员每人平均凑钱救急济困，并按急用缓用决定本金之外的利息多寡。在纳西族地区，无论城乡均多化赕，如盖房者有“盖房化赕”、有喜事者有“喜事化赕”，目的是靠集体的力量渡过“钱荒期”，故称它是一种民间金融互助组织，主要功能是有借有贷、有存有取、存本有息。除了金融性质，它还具有很强的情感基础，其成员均是知根知底、足以信赖的熟人甚至至交。所以，有的化赕十分稳定，不易因某事而聚散，而是长期存在、定期活动、相互礼让，成为纳西族社会一种不可或缺的联谊组织。

第十章
文学纳西

纳西族拥有丰富的文学遗产。它们包括口头文学、书面文学。其中，口头文学以系列民间长诗“大调”最具特色；书面文学下分经籍文学、作家文学两大部分。

纳西族拥有丰富的文学遗产。它们包括口头文学、书面文学。其中，口头文学以系列民间长诗“大调”最具特色；书面文学下分经籍文学、作家文学两大部分。书面文学中之前者指用象形文字——东巴文写成的文学作品，故又称“东巴文学”；后者指用汉字及汉文学形式创作的文学作品，包括诗词歌赋、碑铭楹联及现当代各种文学样式。其最有成就的是明代木氏六公诗文、现当代女作家赵银棠诗文、当代王丕震长篇小说，最有特色者为纳汉双语诗联。

口头文学

纳西族的口头文学种类繁多，凡民谣、谚语、神话、传说、故事、长诗等无所不包。民谣和谚语中的生产歌、生活歌、风物歌、习俗歌、情歌、祭祀神歌、卜卦辞都显见其内容多彩，“赋”“比”“兴”手法之多样，音韵之优美，语句之简练，表达之生动，美不胜收。口头神话与东巴文学中的书面神话交相辉映，有的解释宇宙万物的起源，有的叙述人类社会的初始，有的讲述神鬼斗争，用幻想这种不自觉的艺术加工方式曲折表现了自然和社会形式本身，表达了远古人类征服自然力、支配自然力

纳西人唱调子时，常用一只手托起腮帮将故事娓娓道来

的愿望。纳西族口头文学中的传说，常见的有自然、神灵、人物、节日、习俗传说几类，数量众多、涉及广泛，几至无一物无一事无一俗无传说之地步，起到了传播知识、雅化人生、美化自然、强化秩序的效果。至于故事，它已经远离神幻世界，各色人物及复杂的社会成为其主体与空间，道德评判、智慧较量、生活情趣、生命意义在此类作品中层出不穷，表象无限。长诗主要指“十八大调”以及由此衍生的或是与之相联系的口头长诗，有的叙事，有的抒情。

“十八大调”

“十八大调”是纳西族口头长诗中的奇观。虽称“十八”却多于“十八”，计有四十余部。所谓“大调”即为“长诗”，有关作品短则数百行，长则数千行，比之短小歌谣不可谓不长。它的基本特点是：以短小歌谣故事传说为本，根据改土归流以后的社会现实创作而成，不仅体量增大，而且社会内涵丰富，大多充满积极向上的精神，只有极个别作品描写“殉情”等悲剧，现实主义与浪漫主义两种手法得到很好的运用。

知识链接 **改土归流** 丽江“改土归流”发生在1724年，即清雍正二年，以木氏土司被废除为标志，传统意义上的纳西族“民族自治”自此宣告结束。

“十八大调”下分“相会调”“欢乐调”“科考调”“红白调”“生产调”“生活调”“苦情调”等几个单元。这里，只介绍“相会调”与“欢乐调”。

相会调 相会调俗称“三相会”或“相会三相会”，计有《星星相会》《孤鹰孤雁相会》《獐子嫩竹相会》《独花独叶相会》《马鹿仙草相会》《麒麟凤凰相会》《太阳月亮相会》《短笛古筝相会》十余种，受其影响衍生的作品还有《三月和风吹》《皇城绿瑶海》等。其中，以《鱼水相会》《雪柏相会》《蜂花相会》最具代表性：

《鱼水相会》讲述鱼与水从雪山峡谷相伴前行，见山穿山、越涧搭桥，战胜玉湖金獭的袭击、白沙坝沙滩的吸释、青龙河中的钓竿、万字桥边的挂网，最终汇入金沙江并万里奔大海，水变云升天，鱼化龙腾云的故事。

《雪柏相会》中的“雪”与“柏”原本互不相知，一者覆盖于山顶，一者生长在山腰。后来，雪融叶落，前者变成了溪水，后者变成了游鱼。它们随山势而下，“水在前边流，鱼在后边随，相互心连心，共同苦与乐，一道奔东方，迎接红日出”。

《蜂花相会》亦与《雪柏相会》《鱼水相会》相似，先叙述蜂与花山阻水隔、互不相识，后经春风化雨，两者得以相会相知。花用彩瓣为蜜蜂搭桥，蜜蜂则采花粉酿成香蜜，一同创造美好的生活。

“欢乐调”　又称“三欢乐”或“欢乐三欢乐”，它所包含的作品亦远不止于三部，除了《烧香》《赶马》《猎歌》，还有《放鹰》《筑成》。最具代表性的是前三部：

《烧香》描写一对青年男女备置烧香用品之后从丽江一路翻山越岭，前去拉萨拜佛礼神的故事。他们互相体贴、互相鼓舞，战胜了孤独，战胜了艰难险阻，最终加深友谊、催熟爱情，并来到拉萨成为秦晋之好，永不分离。

《赶马》的内容，表现茶马古道上一对青年动人的爱情故事：男子养大马匹、女子备全货物之后，他们不顾家人的反对，一同奔走在前往藏区乃至尼泊尔与印度的商贸旅途之上。劳动让他们心心相印，追求幸福自由的抗争令他们息息相通，并结成伉俪，既得到了物质财富，更收获了美满的婚姻。

《猎歌》与以上两部作品风格迥异，它在纳西族支系纳日人中所流传的《舅舅送毡》（又译作“吕依阿舟若”）的基础上改编衍生而成，称一个男子在兄弟分家时因是次子只分到一只猎狗，却得到一个女子的真诚相助，不仅养大了猎狗，而且还掌握了种种狩猎的本领。一次，他上山狩猎却连猎狗与猎物马鹿一起丢失。在他心灰意懒回来之后，得到女子的一再激励，从而历尽艰辛，从玉龙山经金沙江、大理、昆明，最后在北京找到了丢失的猎狗与猎物马鹿。可见，这部作品名曰“猎歌”，实为爱歌。

经籍文学

经籍文学，即用本民族文字记载于东巴教经籍中的文学作品，故又称“东巴文学”。它既不同于用汉文创作、有作者可寻的作家文学，又不同于口耳相传的口头文学，乃是一种无作者的书面文学，亦可视为一种被文字记录的口头文学。它们分神话、史诗、民谣和谚语、故事、传说几个部分，但以神话、史诗最具特色，最著名的作品有《创世纪》《黑白战争》《哈斯战争》《龙鹏战争》《鲁般鲁饶》。它们均以庞大的体量、丰富的内涵、瑰丽的想象、奇异的幻想载入人类文化的宝库。

《创世纪》

《创世纪》又译作《洪水的故事》《崇般图》等，一般由东巴教巫师吟诵于祭天、祭祖等仪式上，其中的一些片断亦以口头的方式传承于民间。整个作品呈诗体，共2 000余行，包括宇宙起源、人祖诞生、本族历史、种族关系等八个部分，活脱脱一部纳西族古代社会发展史。

话说太古时代无声无息、无天地日月。后来，混沌初开，分离出真与假、虚与实。继而，真与实变白光，白光化为好声气，好声气化生依格阿格原神。依格阿格变作白鸡的蛋，孵化出恩余恩买神。虚与假变黑光，黑光化为恶声气，恶声气化生依古丁纳原鬼。依古丁纳变作黑鸡黑蛋，孵化出负金安纳鬼。亦即：宇宙有一个从无到有，从一到二，从二到三，三生九，九生万物的发展过程，并从一开始就具有善恶二元对立的本质属性。

紧接着，白神恩余恩买开天天不平、辟地地不满，只好筑巢下九对白蛋，孵化出各方神灵；而黑鬼负金安纳也在毁天毁地之后，筑巢下了九对黑蛋，孵化出各种妖魔鬼怪。在父辈的创世失败面前，恩余恩买的九个儿子表现出无比坚韧与刚毅，在天地中央竖起铁柱，而东西南北四方则分别竖起白海螺柱、墨玉柱、绿玉柱、黄金柱用以顶天立地，宣告创世成功。不幸的是，这些擎天柱不久即被一头野牛所抵断，迫使恩余恩买之九子将它杀死，令其死尸头变天，皮变地，肺变日，肝变月，肠变路，骨变石，肉变土，血变水，肋变岩，尾变树，毛变草……他们还在天地中央建起仿佛奥林帕斯或是巴比伦塔般的神山擎天镇地，用金银、绿松石、墨玉石、海螺、珊瑚围其四边，让虎豹、白狮、金象、大力神守于四周，奠定了稳定安好的自然空间。

接着，人类诞生，传至第十代时，因行“兄弟姐妹相奸”触怒天神频降洪水，仅有心地善良的崇仁利恩战胜洪水、劫后余生，并与天神之女衬红褒白命相亲相爱。他们的婚姻上天入地、经受种种难题考验、艰难曲折。在回到人间大地之后，他们男耕女织，定居玉龙山下，生下三个儿子，并分别成为藏族、纳西族、白族的祖先。最终，长子藏族迁往雪山高原靠放牧为生，末子白族迁往水尾平坝种植水稻，只有次子纳西族固守家园，在河谷丘陵间经营半农半牧的生产生活，同时生下叶、束、何、麦四个支系的祖先，衍生成今天的木、树、和、马（墨）四大姓氏。

《黑白战争》

又译作《董术战争》等，讲述神山建成之后其左居住董族，其右分布术族。董族所居住的地方有白日、白月、白山、白水、白树、白石，一片晶然；术族所居住的地方为黑日、黑月、黑山、黑水、黑树、黑石，一派黑暗。两界之间互不往来，两族之间互不沟通。

无数年代过去之后，一只白鼠与一只黑鼠各从神山的一边钻洞，终于让两界互相了解到对方的存在。术族之主看到董界有光明灿烂的天地日月之后，心向往之，并欲占有之，派部下偷盗董界的日月星辰，使董界归于黑暗，而自己的术界却骤然光明晶亮。董族在失去光明之后，四处寻找日月星辰，并由董族之主之子夺回一切，恢复了自然与社会的秩序。

从此，双方为争夺白色的日月星辰展开规模浩大的战争。首先是术族之主施美人计诱杀董族之子报仇，但董若瓦路与格饶茨姆的爱情悲剧一如《罗密欧与朱丽叶》令人唏嘘。接着，由董族之主发动灭绝性的反攻，捣毁术界的战阵壕堑乃至天地山川，既报杀子之恨又保白色天地日月不再受劫，突出了光明战胜黑暗、正义战胜邪恶、美好战胜丑恶的主题，并自豪地宣示纳西族便是董族的传人。

《哈斯战争》的内容与《黑白战争》近似，所反映的是哈族与斯族之间的复仇故事，只是缺少争夺日月星辰的奇妙情节而已。

《龙鹏战争》

其译名另作《大鹏之歌》等，讲述的是人与自然的关系。其中，鹏鸟是这二者关系的关键，龙是大自然的代表。

话说，在远古时代天地初成之后，神灵便为人与自然这两个亲兄弟分家：人居社会空间，龙（署）主自然山水。然而，由于人类不断繁衍人口，分得的家畜、田地、树木都不够维持生存，便扩大开垦土地、猎获野兽、开伐树木的规模，使得龙的空间缩小、子民锐减，龙便用洪水、虫灾、地震、雷电等袭击人类，害得人类再也无法安生，只能去请天神保佑。天神在龙与人的矛盾当中当然要充当公平公正的角色。他匆匆地从天而降，在人龙之间调停。但龙自恃体大力雄，躲在神海底不愿接受调停。于是，天神调遣威力无穷的鹏鸟从神界飞来将龙从海底拖出，并以铁喙啄头、以利爪挠身，迫使龙就范。其结果，天神成功地为人龙判案：人在不得已的情况下可以适度开荒、狩猎、伐木、捕捞以维持生活，但绝不可过量伤害自然（龙），而且人要在每次索取自然资源之前向龙行祭以做回报，在每次得到自然物质之后向龙行礼以示感谢，并疗治自然的伤痛；龙在人有困苦之际要给予适当的帮助，让人适度开采、捕猎，同时接受人的感恩戴德、行祭致祀，不可随意用天灾加害人类。从此，人与龙两兄弟重归旧好，互帮互敬，和谐相处，确保了纳西族地区的山川秀丽、纳西族生民的生活美满。

《鲁般鲁饶》

它又译作《牧男牧女迁徙记》等，是民间长诗《逃到美好的地方去》《游悲》等的母本。它说的是远古时代高山牧场有一群青年男女在放牧，他们自由自在，相亲相爱，惹得各自的父母担心他们生是非，并要他们返回村落。然而，那些青春的生命熊熊燃烧，他们走过一山又一山，赶着羊群逃往美好的地方去，仅有一对情侣朱普羽勒盘与开美久命金生离死别。其原因是朱普羽勒盘屈从父母的招呼回村，而开美久命金则苦等情侣无果而只好自尽。后来，朱普羽勒盘挣脱父母追寻爱侣而来，但为时已晚，只好纵火殉情，谱写了千古爱情绝唱。据说，他们最后双双进入美丽的爱情乐园。它在后来出现的《游悲》中被描绘为四季鲜花开放，常年歌声不断，没有苍蝇，没有蚊子，马鹿当耕牛，老虎做坐骑，雉鸡伺时辰，只为忠于爱情者而存在的天国。

汉语言文学

纳西族有丰富的汉语言文学，包括翻译文学、作家文学、双语诗联三大类。它起始于明朝，发展于清代，繁盛于现当代。尤其自20世纪与21世纪之交起，汉语言文学创作几乎成为纳西族文学的主流乃至全部，民间创作与用东巴象形文字记录的经籍文学已仅仅成为文学遗产。《白狼王歌》是个例外，它是汉文译作，有人坚称白狼王是纳西族酋长、白狼语是纳西族古语，但也有为羌语、普米语、藏语、彝语诸说。在纳西族的汉语言文学中，最具代表性的当属《白狼王歌》、木氏诗文、纳汉双语诗联，以及现当代作家李寒谷、赵银棠、王丕震的创作。

《白狼王歌》

《白狼王歌》共3章："远夷乐德歌""远夷慕德歌""远夷怀德歌"，总计44句、176字，其中能用现当代纳西语通释的有82个字。《后汉书》记曰：白狼王唐菆于东汉永平年间归顺朝廷之后，"献歌诗三章"，并由田恭将它"译为华言"。诗中，尽述白狼部落对中原文明昌盛的倾羡、服膺，以及受到东汉中央王朝垂恤的感激感动，表达了"闻风向化""去俗旧德""长愿臣仆"的忠诚之心，堪称我国文学史上第一首主张民族和睦、坚持团结统一的少数民族诗歌翻译作品。

木氏诗文

丽江纳西族地区自元代归入中央版图并建丽江路之后，遂开拓汉文化教育，并至明代已有一定的积累，开始有汉语言文学创作出现。当然，当时受这种教育、具有这种创作条件及能力者仅限于统治集团——木氏土司。

明代纳西族的汉语言诗文创作起始于一首称《两关使节》的

七言诗，作者为木泰。他是明丽江府第六任知府，生于1455年，卒于1502年。诗云：

郡治南山设两关，两关并扼两山间；
霓旌风送难留阻，驿骑星驰易往还。
凤诏每来红日近，鹤书不到白云闲；
折梅寄赠皇华使，愿上封章慰百蛮。

作品生动描绘了丽江地区的山形水势，表达了自己坐镇一方、效力朝廷的赤胆忠心。诗风清新，诗句新丽，情真意切。

真正让纳西族的汉语言诗文创作走向成熟的诗人作家是木公、木高、木青、木增。尤其是木公、木增，是作品数量最多、饮誉最广的两座高峰。

木公 生于1494年，卒于1553年，字恕卿，号雪山，又号万松，为明丽江府第八任知府，是木泰之孙、木高之父。他长于干政，又工于诗文，一生先后平定多地多起叛乱，晚年“于玉龙山十里为南园，枕经藉书，哦松吟月”。张志淳、张含、李元阳、贾体仁均为其诗朋文友。他先后创作《雪山始音》《庚子稿》《万松卷》《玉湖游》《仙楼琼华》等诗集，并编纂《木氏宦谱》。其中，《雪山始音》是纳西族文学史上第一部个人诗歌专集。正如张志淳所言：“雪山者，丽之望也；始音者，丽初无诗而今创有之也。”《木氏宦谱》为第一部纪传体纳西族历史文献；《雪山诗选》则由杨升庵选编，成为假名家之手辑录而成的第一部纳西族诗歌选本，所收作品104首。编者为之所作序云：“……夫雪山，世守边圉，独稽古嗜学于轻裘绶带之余，刻烛击钵于燕寝清香之暇，非其特出之姿、尚友之质，何以继缘情绮靡

木公

于古昔，而获美誉犟帨于士林哉？”钱牧斋也在《列朝诗集·木公》中称：“木公性好读书赋诗……枕经藉书，哦松咏月。中土大夫贤士无以过也。”他的作品被选录于《明诗别裁录》《滇南诗略》《云南丛书·丽郡诗文征》《四库全书》《古今图书集成》《列朝诗选》之中，足见其诗文竟与中原相旗鼓的成就。

他的作品有的抒写维护祖国统一的决心，有的表达对劳动人民的同情，有的歌颂故乡壮丽的河山、淳厚的民俗、悠久的历史，有的表现美好的人性，以及亲朋好友间的真挚感情、纯洁的爱情，成就卓然。

木增 生于1587年，卒于1646年，号华岳，又号生白，为明代丽江府第十三任知府，曾被授四川布政使司左布政，太仆寺卿，完成了木氏土司的明清两朝跨越。“增生而秀异，如琼林玉树，迥出风尘，世间浓艳华美，一无所羡。九岁丧父，十一岁袭父职，即能通世务……君指挥调度，出人意表，师无不胜。”其实，他的文治更胜武功，如在丽江盖“万卷楼”，首开广集百家书卷之先河，还曾在芝山解脱林创设印书所，刊刻木氏历代诗文。他与中原名士及滇云文人墨客徐霞客、周月泉、担当、董其昌、周延儒、张邦纪等都有往来唱和，“公世著风雅，交满天下，征文者，投诗者，购书者，以神交定盟者，嘤鸣相合，声气往来，共中原之旗鼓。”他创作有《云莛淡墨》《啸月堂诗》《山中逸趣》《芝山云莛集》《空翠居集》《光碧楼诗抄》等6部诗文集，共1 000多首诗、30多首词、20多篇赋、1卷读书札记，先后被选入《滇南诗略》《滇文丛录》《滇

木增

诗丛录》《滇词丛录》《云南丛书》，是纳西族中第一个创作词曲与辞赋的作家。徐霞客评价其《山中逸趣》云：

公闭意荣禄，早谢尘缨，学老氏之知止，同孔明之淡泊……公独领山中之趣于逸，有赋，有篇，有吟，有清语。拈题命韵，高旷孤闲，烟霞之色，扑人眉宇。读之，犹冷嚼梅花雪瓣也。

木高与木青 除了本公与木增，木高的诗词、木青的诗也有不凡的成就。木高为木公之子、明丽江府第十任知府，号端峰，字九江，嘉靖皇帝赞其“诚心报国，割股奉亲，仕行边徼，威震北番，以德其名，忠孝两尽”，赐其“官居三品，位列九卿，世袭尊荣”。他留有不少诗、文、词作品，最著名者为《题东巴什罗修法处》《破虏歌》《题岩脚院摩岩梵文古碑》等。木青为木公之重孙、木旺之子、木增之父，字长生，号乔岳，别号松鹤，为第十二任丽江府知府，年仅29岁便去世，但“青常以忠君报国为念。暇则游意述作，洽情声律。其所著撰如飞仙跨鹤，渺不可即……其书法秀骨森然，缥洒若仙”。故，纳西族文学界一般将他比作鬼才李贺。他的遗诗被辑为《雪山清音》。

木高

木青

由上可知，《明史·土司传》称“云南诸土官中，知诗书，好礼义，以丽江木氏为首”实为不虚。《丽江府志·艺文略》评价“有明代世守十一辈，惟雪山（木公）振始音于前，生白（木增）绍家风于后”，亦言之有据。

纳汉双语诗联

纳汉双语诗联是纳西族文学的一大创造。它虽重于语言艺术技巧，缺乏深刻的思想文化内涵及深度，但毕竟是在一个民族学习另外一种民族语言文字及文学形式的过程中创新的文学样式，自有它的价值与情趣、意义。

流传至今的纳汉双语诗所见不多，如诗作仅获杨元之《重到文峰寺》一首：

暮多好山色，庭菊冷露滋；
佛心徐可觅，佳哉宜意移。

从汉语文学角度看，这是一首意境清雅、充满禅意的佳作，描写了作者重访古寺之所见所闻、所感所思。然而，在此诗面之下，还隐藏着一首美丽的纳西语诗作。也就是说，这首诗作的汉语读音在纳西人听来与以下音意完全对应：

不见很久了，山客喜相见；
百鸟唱百曲，曲曲似礼赞。

内容虽异却声音相谐，乃至相同。这就是纳汉双面诗联的本质特点。除非对纳西族语言文学及汉族语言文学之格律完全精通、运用娴熟者，是断不能创作出此类作品的。

纳汉双语对联可举以下之例：

当瓦本在豫，库实锞留湘。

这是一位诗人赠送友人于腊月盖新房之楹联，写的当然是起房盖屋的祝福，即通过用典，贺主人以河南瓦当之类名物盖房，以示其贵，复用湖南富庶祝朋友日后库满锞实、富甲一方。它在纳西语中也充满了祝福之意，说的是“腊月降白雪，新年好兆头”。这大概缘于盖房之日正值冬季，作者便巧借了“瑞雪兆丰年”之说，祝福主人好上加好。

李寒谷

纳西族新文学的代表人物，他与同时代的和柳、赵银棠等一道开创了纳西族现代文学的新纪元。他生于1914年，卒于1952年，又名李培阳，丽江县石鼓镇人，是纳西族文学史上第一个进行白话文小说创作的进步作家、诗人、评论家。李寒谷15岁离乡赴南京读高中，18岁考入北平中国大学文学系，受到良好的文学教育及爱国主义与民主革命洗礼，不仅参加过一二·九运动，而且成为“北平文艺青年救国会”领导成员之一，还先后在《文史》《文学》《国闻周刊》《中流》等杂志上发表《三仙姑之春》《雪山林》《狮子山》《三月街》等小说，《劳街一夜》《夜巷小景》《山居》等散文，《插秧》等特色小品，《读书札记》等书评，致力于“特殊的乡土文学”（孙席珍语）创作，生动描写了金沙江两岸的奇丽风光、民俗生活，并揭露了深刻的社会矛盾。毕业回到云南之后，李寒谷一边任教一边办《文艺季刊》，并发表了《劫》《变》《北平，我的母亲》《尹老先生》等小说，《丽江吟》《献诗》等诗作，《现阶段文学之路》等论文，继续高举反帝反封建的旗帜，在现实主义的原野上深耕，受到王西彦、孙席珍等名家的高度评价。王西彦曾在李寒谷去世后不无遗憾地感叹道：“只可惜……（他）过早地离开了人世间，不然，他一定会是一个出色的乡土作家，给我们的评论家事业做出很好的贡献。”

赵银棠

1905年出生于丽江市古城区一个书香门第，卒于1993年。她是纳西族历史上第一个女作家，也是云南现代文学史上第一个少数民族女作家，擅长古体诗及散文创作，以及民间文学、东巴经典文学翻译整理，代表作品有《玉龙旧话》《雪影心声》等。她最突出的贡献是从20世纪30年代起致力于纳西族民俗、民间文学调查收集，尤其是投身于用象形文字记录而成的纳西

赵银棠

族东巴经典文学作品的翻译整理，完成了《人类迁徙记》《卜筮的故事》《高楞趣》《教主释里》等的汉译工作，最早向外界展示了东巴神话、史诗、传说、故事的魅力。40年代，她在郭沫若先生的指点下从重庆回到玉龙山下、金沙江畔，从事边地文学创作，并参加吴泽霖组织的“边胞服务站”，四处奔波，进一步丰富了自己的民间文学资料及知识，整理出《柏雪会》《蜂与花》《合欢》《猎歌》《挽歌》《情歌》《梦》《伐筝》等纳西族民间长诗，堪称纳西族民间长诗整理第一人。新中国成立后，她屡屡在“反右”“文革”中遭受不白之冤，发表有大量民间长诗及东巴经典文学翻译作品，撰写了大量的随笔、回忆录、古体诗、论文，特别是辑注出版了《纳西族诗选》，整理出版了《玉龙旧话新编》，为纳西族文学做出了新的贡献。

王丕震

1922年出生于丽江市古城区，2003年逝世，为纳西族、中国，乃至世界文学史上创作出版长篇历史小说第一人。从1984年62岁开始，他用18年时间创作长篇小说142部，计3 000多万字，涉及人物27位帝王、52位将相、25位才子、17位佳人、5位现代名人。可以说，中国几千年历史演变及其历史人物命运沉浮变化在其笔端栩栩如生，跃然纸上。台湾地区专门成立秋海棠出版社，专营王丕震作品的出版。《王丕震全集》已正式出版，成为纳西族文学史的一大奇观，亦成为中国文学的一道亮丽风景。

王丕震

王丕震没有读过文学系科，也没有发表出版过长篇历史小说以外的任何文学作品，全靠青少年时代中学教育所受语文熏陶，以及终身对历史文化知识的酷爱与嗜读成大器。新中国成立前，他曾在宝鸡特种兵联合分校学习炮科，新中国成立后毕业于四川大学畜牧兽医系，并在1958年被错划为“右派”后一直在玉溪劳改农场接受改造。他的文学创作仅仅开始于1984年“平反”回到家乡退休之后。其原因是他曾偶尔听到有人非议武则天，完全否定了这位千古女帝的作为，而这仅仅由于她是女子，又非李氏血脉。有感于古今中外许多不白之冤，他决定从《武则天》开始用文学的手段为他们正名、伸冤，将真相大白于天下，功过是非任评说。

西

第十一章
艺术纳西

纵观纳西族文化之特质及其表象，它应属于艺术类型，具有与历史类型、哲学类型、巫术类型、科学类型不同的特性，重形象、重情感、重美感贯穿于它的一切文化种类与形式之中。纳西族艺术便是其中的典型存在。它包括音乐、舞蹈、美术各个方面。而且，由于纳西文化所具有的多元性、开放性所决定，这些艺术领域都并不单质。它们构成了纳西族丰富、绚烂、复杂的艺术世界及艺术关系，受到国内外艺术界的广泛关注。

纵观纳西族文化之特质及其表象，它应属于艺术类型，具有与历史类型、哲学类型、巫术类型、科学类型不同的特性，重形象、重情感、重美感贯穿于它的一切文化种类与形式之中。纳西族艺术便是其中的典型存在。它包括音乐、舞蹈、美术各个方面。而且，由于纳西文化所具有的多元性、开放性所决定，这些艺术领域都并不单质。比如，纳西族音乐中既有民族传统显著的民间音乐、东巴音乐，又有所谓传自蒙古的白沙细乐、传自汉族道教的洞经音乐；纳西族美术中既有本民族古老的岩画、东巴文字画、东巴神像画，又有传自本教与藏传佛教唐卡画和神轴画，还有传自禅宗与道教的工笔画、山水画、花鸟画、人物画；纳西族舞蹈亦是这样，有的是民族特色浓厚的生产生活舞，有的是与藏族舞蹈息息相通的锅庄舞、朗巴舞，有的是东巴教所保存的动物舞、神灵舞、神器舞。它们构成了纳西族丰富、绚烂、复杂的艺术世界及艺术关系，受到国内外艺术界的广泛关注。

音乐

纳西族的音乐有声乐、器乐。其声乐分独唱、对唱、合唱三种形式，器乐有独奏、合奏两种。声乐曲调分生产、生活、诵经多种，器乐分管乐、弦乐、打击乐、木叶等数类。这里，仅介绍“白沙细乐”“丽江古乐”、东巴唱腔、民间吟咏“阿丽丽”“莫达”，以及宣科。

“白沙细乐”

又称“白沙细东”“别时谢礼”，或“勃拾细哩”。一般认为“白沙”为地名，因其在木氏土司尚以白沙为大本营之际就在其地流传而称之；“细乐”是对原纳西语中的“细里（$si^{55}li^{31}$）”的汉语音译，原是梵音，意为“吉祥”。“白沙细乐”当是“白沙吉祥乐”之意，正好与此乐一般演奏于丧葬仪式相吻合。从“白沙”又音译为“勃拾”的情况看，它不一定指现今的白沙，而是当有另指，准确讲是在西域，后来才随元军传入丽江。据考证，新疆昌吉地区在元代称“别失巴里”或“别失八里”，征

丽江古乐手弹奏苏古笃（火不思）

云南元军似是别失巴（八）里一带突厥兵。是他们北归之际将随军乐队连同乐器、乐谱均留在了丽江。“白沙细乐”属套曲，与“十二木卡姆”等相类。使用火不思（苏古笃）等管弦乐器等也证明它与西域及其音乐的源流关系。当然，经过长期的本土化，它已成为地道的纳西族音乐，只有“勃拾”（白沙）一词还残存着它的历史记忆。白沙细乐共有14个曲调：《一封书》《三思吉》《美丽的白云》《跺蹉》《看蹉》《幕咪呜》《幕布》《南曲》《北曲》《叨叨令》《寄生草》《南京调》《一枝花》《笃》。其中的《南曲》《北曲》《叨叨令》《寄生草》《南京调》《一枝花》当是中原音乐，故而并无相应故事，而除“序曲”《笃》之外的前7个曲调都配置有相应的传说。

其演奏乐器有直笛、横笛、芦笛、火不思、二簧、胡琴；乐队少则三四人，多则七八人；演奏顺序为丧葬“悬白”之日下午

知识链接 **别失巴里** 1206年，成吉思汗西进灭辽，改称北庭故城为别失巴里；1251年，蒙哥汗即位后，立别失巴里等处行尚书省，以纳怀、塔剌海、麻速忽等主其事。又称别十八里、别石八里、憋思马、别石把等，在突厥语中为“五城”之意，也称为“北庭”，在今吉木萨尔县境内。1269年忽必烈控制此地，1417年察合台后王歪思徙居亦力把里（伊犁），别失巴里逐渐废弃。1412年，察合台五马哈麻袭杀元主，建别失巴里国，将其中心移至亦力八里（伊犁）。从此，别失巴里改称亦里巴里。

第二次献祭供品演奏《笃》，读完祭文后演奏《一封书》，亲友吊唁时再演奏《笃》。在正祭日，点香时演奏《幕咪呜》，举行祭礼时演奏《一封书》，孝子哭祭时演奏《笃》；当天下午联奏《笃》《一封书》《三思吉》《美丽的白云》，当晚奏唱《幕布》，表演《看蹉》《跺蹉》。出殡之日，乐队演奏《笃》与《一封书》，行走于送葬队伍之前直至墓地。

这部音乐与潮州细乐齐名，是中国民间音乐的瑰宝，包含有历史、民族、民俗文化、音乐等多方面的价值，已于2014年被列入国家非物质文化遗产名录。

丽江古乐

所谓“丽江古乐”，就是传承于丽江纳西族地区的道教音乐，原为道教谈经班在诵读《玉清无极总真文昌大洞仙经》时伴奏的音乐。后来道教于当地消亡，这部音乐却进入世俗社会，尤其是乡间山野，其汉语经文、道教仪式与音乐相分离，而音乐风格、演奏技巧与纳西族民间音乐《白沙细乐》等越来越接近，与丽江以外各地所演奏的洞经音乐则相去渐远，故而形成了丽江特色洞经音乐。

丽江古乐现有曲目40多个，一般分五类：1. 调音曲，一如《白沙细乐》之《笃》；2. 经腔：即经文曲调，相传有15首，如《元始》《清河老人》《五声圣号》《十供养》《华通》等；3. 细乐曲：演奏于唱诵经文前后，共有30多首，如《到春来》《到夏来》《到秋来》《到冬来》《水龙吟》《柳摇金》《浪淘沙》《山坡羊》《百年欢》《一江风》等；4. 杂曲：指在民俗生活中演奏的乐曲，有《小白梅》《步步桥》《南极宫》《柳青娘》《善知识》；5. 打击乐曲：如《八卦尾》《前五》《后五》《龙摆尾》等。

它们的演奏范围远比《白沙细乐》广泛，除道教活动外，还与民俗活动密切相关，故而分为宫观令与家庭令两种。前者有“四季会”“三元月”，另有九月初一“朝斗会”，以及禳灾除厄、庙宇落成安龙垫土、追悼烈士等仪式；后者指私人祝寿、贺生、祈福、消灾、起房、超度、做离等仪式上的音乐演奏，一般都各分3天：第一天起鼓，第二天正斋，第三天送圣。在这些仪式上，所做法事，称定乐章与乐器都有严格规定。这些都是它比

▲
演奏丽江古乐

《白沙细乐》更为普及的原因。

演奏道教音乐的乐队在丽江纳西族地区分洞经会、皇经会、乐会3种。历史上，前者因主要演奏洞经音乐而得名。其成员主要为贵胄子弟等，其政治经济地位都较高，内设正副善长、执事、纠察、管事等职；次者主要演奏皇经（《洞玄灵宝高上玉皇本行集经》），其成员一般为中小业主及有功名之文人墨客、小康之家出身者。其政治经济地位偏低，内设会长、善长、管事、事务等职；后者均为城乡音乐爱好者，成员多为中小地主、商人及自由职业者，亦有部分手工业者及农民，具有广泛的群众性、民俗性，更多一些生活情趣。

这些音乐伴随着丽江纳西族地区归入中国版图、木氏土司主动接受儒道教为代表的中原文化、汉族移民不断进入并同化在纳西族中而成为纳西族文化的一个部分，对塑造纳西族平和、深沉、内向的民族性格，以及提升纳西族的艺术气质、艺术审美能力起到了重要作用。因为，正如俄国作家顾彼德所说的那样：“（它）那崇高的旋律中的含义是对崇高生命的歌颂”，“似乎还描绘了这里是多么宁静、安谧；有着不灭的和平、大同。”

东巴音乐

“东巴音乐”即纳西族东巴教所保存、所使用的音乐，包括器乐、声音两个部分。其中，器乐主要为鼓、锣、钹、铃等打击乐，唢呐、螺号、牛角号等吹奏乐，东巴唱腔等声乐。演奏形式既有独奏，又有合奏；既有独唱，又有合唱，而且这些唱腔多为吟咏，或高或低、或长或短、或强或弱，全凭仪式之节奏及经书内容而决定。打击、弹鸣、吹奏三种器乐之作用主要强调行祭内容，渲染行祭气氛，控制行祭节奏，并与舞蹈、绘画、文学相结合，积极强化其感染力及认识功能、教育功能、审美功能，以实现其宗教意义最大化。

老东巴和国华用东巴唱腔演绎《吉日经》

东巴音乐起源于古老的民歌音乐，局部受到佛教音乐、本教音乐、藏族民歌音乐的浸染，自有它的旋律结构、音律结构、韵律结构、词律结构，并按不同的地域与仪式有不同的规定性。如宝山派唱腔之旋律古朴优美、节奏生动明快、歌唱性强，且有藏传佛教音乐旋律特征；白地派唱腔亦有藏族民歌风格及藏传佛教诵经腔色彩；白沙派唱腔之纳西族民歌韵味十足，无论演唱风格还是旋律、调式都带有山歌，尤其是小调熏染的印迹；太鲁派唱腔多采用羽调式旋律，具有强烈的调式感，适于唱咏冗长的长诗；永宁派唱腔又称达巴唱腔，其旋律比较平稳，其唱腔一般四句一章，并带有很大的自由度与随意性。

据目前所掌握的材料，可知东巴音乐有近30个唱区、50多种唱腔，其经典咏唱有的气旺而波长，声音嘹亮高亢，起伏跌宕，有的委婉动听、月朗风清，有的神凝意定、令人生悠悠思古之情，有的神奇美丽、心动神飞，有的清越激昂、充满浪漫色彩。

民间音乐

纳西族的民间音乐既有吹笛、吹树叶、弹口弦、吹麦管、吹芦管、吹口哨、吹柳管等管弦音乐，又有“阿丽丽”“莫达”“公气”“唱哎勒”“劳卫歌”“阿卡巴劳”“呀号里”等多种徒歌音乐，并按其长短分为“大调”“小调”，按内容分为“山歌”“生产调”“苦歌”“喜歌”“悲歌”“儿歌”“情歌”几类。仅生产调又分“放猪调”“放牛调”“放羊调”“犁牛调”“栽秧调”“打粮调”。它们有的是传统调，词与曲均古色古香，保持不变；有的是即兴演唱，曲遵古制，词却随机应变，即创即唱。它们既可边舞边唱，亦可只唱不跳；既可一人领唱众人相和，也可一人自始至终单独吟唱，或众人一以贯之合唱始终的情况。

纳西族民间艺人李秀香弹奏口弦

阿丽丽 阿丽丽流行于丽江纳西族地区，节奏明快，大多在喜庆场合演唱，是纳西族中少见的充满欢愉色彩的民歌。它短小精悍，不断重复回环，便于即兴创作，便于记忆传播，也可以作“大调”中“欢乐调”作品的曲调演唱。

莫达 主要在丽江各地纳西族中流传。其名称取自它大都用来传唱“苦歌”，因为“莫达”在纳西语中是“鹰难飞翔”之意，正好与吟唱悲痛心情相吻合。它节奏缓慢、一唱三叹，令人唏嘘。

哦仁仁 流传于丽江大东等地，以吟咏《挽歌》等为主。据说，它起源于纳西族的游牧生活，故多有模拟羊咩之声。也有人认为，“仁”乃是一种专吸死者泪水之鬼怪，吟唱它是用以驱除此鬼，保护好死者尸体，到后来才改咏所有“悲歌”“苦歌”。

阿卡巴拉 这是纳西族纳恒人、纳日人中最常见的民歌曲调。它悠长、高迈，起源古老，缠绵悱恻，只作个人单独演唱，具有一定的藏歌特色，或许与茶马古道赶马人有密切的联系。

宣科

生于1930年，丽江市古城区人，被称为“鬼才”，早年求学于昆明教会学校，曾于20世纪50年代末起入狱20年。1978年出狱后，先在丽江实验中学任教，退休后执着于纳西族音乐研究，先后发表论文《活的音乐化石》《白沙细乐小议》《白沙细乐探源》《热美蹉的来历之研究》等文章，晚年在四川、广东、北京、昆明、英国伦敦等游学，传播纳西族文化，作《音乐起源之研究及其方法论》《纳西族的文明文化》《丽江洞经音乐研究》《白沙细乐研究》等。从1987年起，一直担任丽江大研古乐会会长。其最成功者为从20世纪80年代起推动纳西族传统音乐复兴，重建丽江大研古乐队及丽江古乐宫，培养纳西族音乐传承人，抢救纳西族音乐遗产，并作纳西族传统音乐的市场开发，在推动丽江文化旅游方面立下汗马功勋。宣科还曾率大研古乐队赴英国巡回演出，并翻译出版俄国作家顾彼德著《被遗忘的王国》，担任约瑟夫·洛克著《英语纳西语百科全书》译审、《中国西南古纳西王国》译审。时至今日，国内外已有数百万人次到丽江欣赏《丽江古乐》演出，一睹宣科风采。2011年，纳西族女作家蔡晓玲为他创作出版《公民宣科》。

纳西族音乐人宣科

舞蹈

纳西族的舞蹈具有与歌、乐三位一体的特点，并以民间舞蹈为甚。至于宗教舞蹈——东巴舞，也有仅舞无歌乐或仅舞乐相伴的情况。关于舞蹈的起源，纳西族传统说法是受金色神龟走动启发而成，属于典型的模仿说，而非劳动说。最早记录纳西族舞蹈内容的文字见载于唐代，称当时居住在大婆、小婆、三探览、昆池一带的纳西族先民麽些人"俗好饮酒歌舞"。元代史书《云南志略》中对有关歌舞的记述比较具体，称"男女幼百数，各执其手，团旋歌舞以为乐"。即，其规模动辄百人许，其舞型为"团旋"，其舞姿为"各执其手"，其舞者为"男女"混舞，正与青海大通彩陶盆上古羌人"执手团舞"的画面如出一辙并至今如故。就乐舞而言，纳西族的芦笙舞古已有之，"一人吹笙前导，众人手持牦尾随舞"，在南诏时代即已入典记载。其他民族的影响主要来自藏族。无论是东巴神舞还是维西、中甸、永宁、丽江、鲁甸等地所见锅庄舞、朗巴舞，都有明显的藏族舞蹈影响。除此之外，纳西族舞蹈遗产以一部《东巴舞谱》饮誉全球，被称为"世界上唯一用象形文字写成的舞谱"。

青龙舞舞谱

《东巴舞谱》

东巴经典中有丰富的舞蹈类记述，有的解释舞蹈的起舞，如《舞蹈的来历》；有的总述舞蹈的谱系，如《东巴舞谱》；更多的是记载说明某种重要舞蹈的动作，如《祭什罗法仪规程》《大祭风请神保护舞蹈》《神寿岁与东巴舞蹈》等。其中，以

《东巴舞谱》最具代表性。它用东巴象形文字书写，一句一义，说明有数十种舞蹈的名称、舞姿、步法、动作、乐器与舞器使用方法、方位、舞者出场次数等内容。有关舞蹈的位置、范围、角度、方向、高度、界限等空间动态及所谓时性、节拍、速度、反复、渐增、简减等时间动态都得到细致、形象、生动的表示，从而比之宋代周密所著《癸辛杂识·舞谱》以来用汉字写成的各种舞谱，更具展现的可能。比之1928年才出版的西班牙鲁道夫·拉班所著《舞蹈记录法》（即《拉班舞谱》），它至少早问世数百年时间。

现传《东巴舞谱》由和云彩诵读，和发源翻译，收入云南社会科学院东巴文化研究所主编的《纳西东巴古籍译注全集》，由云南人民出版社出版于1999年。原写本形式为白地纸、铜褐色，长约30厘米，宽约10厘米，以黝黑木板上下捆扎。最早发现于1980年。

东巴舞

东巴舞即东巴教祭师在各种道场仪式上诵唱东巴经典，用以娱神镇鬼的舞蹈，分神舞、法器舞、动物舞、战争舞四种。

东巴舞

神舞 其中有名的是萨英威德舞、英古阿格舞、丁巴什罗舞、拉姆花舞、镇女魔王舞、护法神舞、女神舞等十余种。

丁巴什罗舞 丁巴什罗是东巴教教祖。该舞以舞蹈语汇再现了他的生平事迹，有出世、学步、压鬼、伤脚、沉毒鬼、超度等舞段，反映了他神奇、超凡、坎坷、战鬼驱魔、为人类造福的一生。其队形多做圆状，两人相向，四门洞开；其舞姿粗犷有力，充满阳刚之气；其舞者手执神杖、刀、铃等法器，目光炯炯，勇武无比。它一般表演于祭什罗道场、祭奠东巴仪式、祭龙王仪式等。

护法神舞 其下分狮子舞、玉龙舞、鹏鸟舞、尤玛舞、卡冉舞，最有代表性者为尤玛舞。尤玛舞又分尤玛刀舞、尤玛商谈舞、尤玛伐鬼树舞、尤玛擒敌舞。舞者左手持板铃、右手执刀，先由大东巴唱所跳之舞名称，再由众舞者随鼓点起舞。他们一般执摆铃、长刀、三角叉、火把等从不同方向入场，先燎五方鬼木，次用刀剑劈之，最后将碎木装入筐中焚烧，尽是实景表演。

女神舞 东巴教中女神众多，与之相应的舞蹈也就为数不少。最有名的是丹依拉姆舞、楚里拉姆舞、达拉舞、拉姆舞等，均用来再现她们的无比神力与超凡脱俗。跳拉姆舞时，舞者站成一圈，边舞边摇摆铃和手杖，并按顺时针方向行进以杀妖驱魔。她们往往两人相向而舞，然后相背擦身而过，与另一个舞者重复以上动作，直到与所有舞者对舞完毕。有趣的是，由于东巴教祭师均为男子，故所有舞者皆男扮女装。

法器舞 东巴舞中的法器舞有神杖舞、花舞、灯舞、火把舞数种。以下仅举花舞与灯舞两种。

花舞 舞者每人持一束一人高、连枝带叶五彩伞形花。一种为先立地抬手、左右换持花朵，随后勾掌吸腿、两人相对，时而画横八字，时而一并抛花；另一种为围成圈边舞边跳，拇指与食指往里捻花，还有两人手肘弯曲并互相勾紧的动作。结束时，应勾手不变，主力腿下蹲，动力腿膝头弯曲并朝后抬起。

灯舞 灯舞一般表演于夜间，舞者或独捧一盏油灯，或双手各捧一盏油灯，甚至还在额头放置一盏油灯进行舞蹈。其表演要围成圆圈，按顺时针方向边舞边绕，数圈换一个姿势。其手姿忽高忽低，时前时后，有时绕灯，有时插花，一派妙曼。

动物舞 动物舞在东巴舞中比重较大，造型丰富。它们既

动物舞中的猿舞

有天上飞禽，又有地上走兽；既有昆虫，又有鱼蛙；既有神物，又有生物。最常见的有金翅大鹏舞、金孔雀舞、白羊舞、犏牛舞、牦牛舞、虎舞、白蝙蝠舞、飞龙舞、金龟舞、白象舞、神鹿舞等。模仿这些动物情态帮助人类战胜妖魔鬼怪为其主要特色。

战争舞　战争舞又叫胜利舞、下分刀舞、叉舞、剑舞、弓弩舞。其实，它们也是法器舞的一部分，表现光明与黑暗、正义与邪恶、人神与鬼魔之间的冲突与战争，充满战争的豪情，洋溢着尚武精神与英雄主义气派。刀舞与剑舞是为出征将士作祈祷与迎接他们凯旋之际所跳之舞。跳剑舞与弓弩舞时，舞者要穿甲戴盔、冠插长翎，一手持摆铃，一手扰长剑，或两手各持摆铃、手鼓，或两手各持神弓神箭，以疾步、碎步、趋步表示追撵敌人，用相背或相向踢脚、张弓搭箭、舞剑冲杀，逐一演示追鬼怪仇敌、闯魔关、捣敌巢、为祖师招魂、戮杀鬼魔等场面。

民间舞

纳西族的民间舞指除东巴舞以外的一切舞蹈，具有很强的地域性特点，并与生产生活密切相关。较著名的有麒麟舞、含摆舞、芦笙舞、笛子舞、察巴蹉、抗蹉、跺蹉、打跳、仁美蹉、莫达蹉、阿丽丽蹉等。

麒麟舞 主要流行于丽江市古城区，玉龙县大具、拉市一带，当传自汉族，一般表演于除夕至正月十五期间。表演时，舞场中央置一方桌，周围点各种花灯。其顺序为先祝拜寿星，再依次表演彩云南现、鹿鹤同春、麒麟凤凰舞、牦牛现瑞等，有些地方还加上狮子滚绣球、双狮挂印、九龙夜明珠。总之，该舞意在开年求吉，祈五谷丰登、六畜兴旺、风调雨顺、天从人愿。

传统民间舞“麒麟凤凰舞”

含摆舞 流传于东部方言区永宁纳日人中，表演于丧葬仪式上，舞者皆为男性，时间在死者火化前三天，伴奏乐器大铃串、小铃串要系于舞者腰带之上，动作多为屈膝、踩地、跨步、刀步等。舞蹈时，舞者先分两列面朝灵堂右腿跪地、左脚踩前作默哀状。待达巴念诵过经文，舞者以左脚为圆心、右脚擦地向左转360度，同时转动刀柄从左到右、从上到下砍杀鬼怪，最后，将刀横托至额前，听一人领呼“哈嘿”，众舞者应呼“哎——”，为死者开辟前往祖地之道路。

察巴蹉 在维西县拉哈村，每年火把节期间，人们要跳察巴蹉。具体为众参加者先对唱“阿勒歌”，然后由两个头戴面具的表演者手执牦牛尾清场。紧接着，察巴夫妇身穿藏袍出场，并有一“先生”作陪同随行且高喊：“走遍五胡十六国，没有一处比这里美!”接着，察巴夫妇席地而坐为观者摸顶祝福，清场者则表演各种滑稽动作，引人入胜。这种舞蹈无音乐伴奏，无歌唱部分，但有对白、有情节、有行当分工，已具有戏剧表演的特点。

勒巴舞 勒巴舞的传承地为丽江市玉龙县塔城、巨甸一带，共计12舞段，一般要在一夜跳完。它既在春节跳，也在家中有病人时跳。跳前先在房前插1长有3级枝杈的松树，将神像挂于其上，并在其前供一张桌子，其上点香，院中烧松毛和青树枝除秽，还不断撒米粒和炒面于其上。表演时，男舞者右手摇一手鼓、左手甩一条毛巾，女舞者左手摇手鼓、右手执一藤条击鼓。每舞一段之前，先唱一段歌词，赞美日月星辰，祈求吉祥如意。舞队设一引领者掌握节奏及队形变化，人数可多可少，队形可圆可方，另有斜单排、斜双排、卷草席、插麻花、二龙戏水等队形。其动作有甩手、点地蹉步、弓步摇鼓、乌鸦跳、单腿转跳、单腿后跳前跳几种，所模拟者皆是猴、蛙、牦牛、乌鸦、羊等动物动作。

勒巴舞

仁美蹉 在丽江市古城区与玉龙、中甸、维西等纳西族地区，仁美蹉是丧葬仪式上必跳的群舞。其特点是歌头在前引歌领舞，舞者手挽手紧跟其后边歌边舞，舞步缓慢、沉重，歌声悲哀、凄凉，为的是以此怀念死者一生并做最后诀别。关于仁美蹉，又称“跳仁忍”。所谓“仁美”是一种飞鬼。人们认为它专吃人血、专吸人泪，跳“仁美蹉”当然就是驱除仁美鬼，为死者全尸。

莫达蹉 这种舞蹈表演于吉庆、节日，流传于丽江市古城区、玉龙县，以及维西、中甸、宁蒗等地。舞者多为老人，具体为后一人用右手搭前一人右肩上或左肩上，舞圈呈半圆，一人在前引歌领舞，众人随后歌舞。也可以男女各分一排，每个男舞者左手下垂、右手搭于前一人肩上，而每个女舞者则手牵手而歌舞，并且男女两队逆向行进。

美术

纳西族的美术有岩画、壁画、文字画、书法、神像画、画谱、工艺等。其中，最著名的是纳西岩画、东巴画谱、东巴神像画《神路图》、丽江壁画、周霖绘画作品等。

金沙江岩画

岩画广泛分布于纳西、纳恒、纳日、阮可四个纳西族支系居住区，覆盖玉龙县、古城区、香格里拉市、宁蒗县，并且沿金沙江两岸悬崖峭壁及溶洞而陈布。它们分别有渣日、木圣土、拉伯、花依、虎跳峡、金棉、洛吉等数十处，并以玉龙县宝山乡境内所发现者最多，画面上有牛、野猪、麂、獐、刺猬、翔羊、岩羊、猴、熊、野马、野驴等动物形象，有人，有抽象符号三角形、圆、十、点、直线、曲线，有手印，有日，有植物，有弓、箭、石器、木棍等生产工具，既有狩猎的场面，又有畜牧的景象，还有迁徙的图画。总之，动物尤其是牛是其中的主角。

金沙江岩画在技法上有描绘、涂布、凿刻等多种手段，其线条生动流畅，既有单线，又有双勾。在用色上呈红、黄、黑、白

金沙江岩画

渣日岩画 ▶

四种，并以红色占绝大多数。它们大都以赭石、红土为颜料，另使用血液或植物脂液调和。有一些画面呈重叠状，不仅色彩深浅不一，而且绘画内容与造型风格各异。有专家认为，“（其）艺术手法独特，为我国一个重要的岩画点”，并推断这些作品很可能是云南艺术的创作原型（陈兆复）。基本可以认定的是，金沙江岩画是纳西族先民从西北高原带入滇西北河谷地带的文化遗存。它直接引发了纳西族美术沿岩画到木牌画、纸牌画、卷轴画的方向不断演进，直至最终合流于国画、西洋画的江海之中，同时诱导了纳西族文字从岩画到图画文、东巴文、哥巴文的发展。更由于它在用色、观念、作用、造型、构图上与阴山、贺兰山、花山、沧源乃至新疆、撒哈拉等地的岩画有千丝万缕的联系，从而在纳西文化的美学、民族学、文字学、宗教学、哲学、社会学研究方面具有极其重要的价值。

东巴画谱

我国历史上有多种画谱，如《宣和画谱》《小山画谱》及《芥子园画谱》等，其作用是将一种绘画传统及其基本技法稳定不变地传承后世。纳西族画谱也有若干种传世，但以东巴画谱最著名，也最具特色。它在纳西语中称“东巴画董模”，意为“东巴画谱典”，是所有东巴画必须遵从谨守的规范。它用象形文字写成，分别规定了神、人、鬼三界及其神灵、神兽、神符、神禽、神器、神物、人类、人间动植物、器物，鬼怪、鬼器、鬼械、鬼物、妖符等的造型、用色、布局，以及文字画、木牌画、神像画等的基本技法。虽各地画谱略有一些差异，但大体一致，保证了它的统一性与神圣性。在各个家系之中，其差异性更是微乎其微，必须如实临摹，严格传承，有错必纠，几乎没有自由改变的空间与可能。

东巴画

东巴画指应用、保存于东巴教中的绘画，分为文字画、木牌画、纸牌画、神像画及其《神路图》、经卷画五种。

文字画 指纳西族东巴文字本身。由于东巴文脱胎于图画——岩画，甚至被有些学者定性为“图画文字”，在造型上、书写上、布局上、用色上都极具绘画的特点，形象感、写意性、装饰性都很强。从而，其1 000多个字符都是东巴文字画画符（或称艺术形象）。它们既象形又高度抽象，如做互相间的组合，其表达能力更可无限裂变，大大释放其表情、达意、审美的能量，它既可做单体、合体的悦目，亦可做连体的、贯通的、片断的赏心，在虫鱼飞动间、日出月落中、云卷水流里，体察纳西人的精神世界、审美心性。

木牌画 这种画似与古羌人人头木牌一脉相承，具体为在宽约15厘米、长约50厘米的木牌上描绘有关仪式上所念诵的神灵、人物、鬼怪形象，有的涂色，有的无色。这些木牌在纳西语中称“课标”，并在仪式上现场制作，用毕之后分类保存或销毁。如，祭署者送至井泉旁或特定树木下插好，画有阴阳神者插于家宅大门两旁，画有祖神者插于神龛、擎天柱上、厨房门楣，用于祭风者抛于野外，那些妖魔鬼怪木牌画一悉捣毁。在形制上， 它分平头与尖头两种，平头大多绘神灵人物像，而尖头者一般描绘署类或鬼怪类。

木牌画

纸牌画 顾名思义，它指书写或描绘于纸面上的绘画，有的是经文本身。它们大都有故事及其人物、情节，故而用象形文字连续书写并分节段，恰如连环画作品；有的画于占卜纸片之上，往往一纸一物一像，并配以文字说明画面内容；有的是祭署纸牌画，绘有各种署王、人物，以及祭祀用品、八宝图案；有的属神

纸牌画保护神“修曲”与五方战神

像纸牌画，头戴五佛冠之神像居中，护法神居左右。它们大都用毛笔绘制，精致细腻，用色鲜艳。

经卷画 又叫竹笔画，指绘制于经书封面、扉页、经页题图、插图、画稿之绘画，大多为八宝、莲花、云纹、几何纹，往往起装饰、美化、提示经书内容等作用，别具一格。

东巴长卷《神路图》

神像画及《神路图》长卷 神像画绘制于白色麻布或棉布之上，如卷轴画可以收卷保存，也可以平展悬挂欣赏、使用，而所画神像及绘制技巧则受到藏族唐卡的深刻影响。它们一般使用于东巴教祭祀仪式并悬挂于神坛之上，所绘神灵均是东巴教神谱中的至尊神、护法神。在这类绘画中，最著名的是《神路图》。

《神路图》有长有短，最短者约7米，最长者约17米，宽30厘米左右，用于开丧仪式上，呈从棺头一直朝大门外斜铺状。画面分天界、人间、天堂三界。其上有360多个神、人、鬼、鸟、兽、植物造像，构思别致、层次分明、色彩鲜艳，并神皆白色、人皆棕色、鬼皆绿蓝或黑色。出殡时，人们要抬着棺木从灵堂向外行走以历经三界，目的是让死者通往天堂。这种画被视为我国古代绘画史上的“直幅长卷之最”。

丽江壁画

丽江壁画

丽江壁画绘制于明代，共有11处：岩脚村木氏祖宅，白沙琉璃殿、大研镇皈依堂、雪嵩村具圣寺、漾西万德宫、中海雷音寺、白沙护法堂、白沙大宝积宫、白沙大定阁、束河大觉宫、芝山福国寺，均在丽江古城内或近郊，尤以白沙最为集中，故又称“白沙壁画”。其所绘制之建筑物均为汉传佛教、道教滇密乃至私家会所，可见是木氏土司主动引进汉藏文化并向中央王朝作文化认同的产物。其中，最著名者为《孔雀明王讲经图》《大黑天神》《南无大威德海会图》《南无药师如来海会图》《南无阿弥陀佛会图》，共计100余幅。据文献考证，这些作品出于江南画师马啸仙、藏族画家古昌及部分纳西族画家之手，前后历经200多年陆续绘制，并大多保存至今。由于周恩来总理的亲自干预，它于“文革”前便被列为国务院文物保护对象。

丽江壁画在艺术上兼收并蓄汉藏绘画艺术精华，亦保持本民族部分绘画特色，使之既有汉画纤丽、清秀的风格，又有藏画用色平涂、色彩艳丽、富于装饰的特点，设计匀称，人物形象生动饱满，而朴质、凝重之气则多了一丝东巴画的韵味。

扎美戈寺壁画

扎美戈寺位于丽江市宁蒗县永宁乡，是藏传佛教格鲁派寺院，无论活佛还是一般僧侣大多为纳西族纳日人。该寺始建于明嘉靖三十五年（1556），重建于清代。其偏殿之门厅、内墙、金柱穿枋间均绘制有精美的壁画，共有308.79平方米，主要反映上师、本尊、不同神佛及菩萨，如门厅西山墙绘有藏文题记，大门东侧所绘为手持宝剑、肤色靛蓝的南方增长王，右手持经幡、左手持呈宝鼬、肤色浅灰的北方多闻天王，大门西侧为右手握长蛇、左手持宝塔、肤色红润的西方广目天王，以及手持瑟琶、肤色浅黄的东方持国天王。内墙一层壁画有尊胜佛母、白度母、无量寿佛；二层内墙壁画有四臂观音、一世达赖、五尊释迦佛等。而金柱穿枋间的壁画绘有格鲁派祖师宗喀巴像。这些壁画均按《造像量度经》描绘，与藏区壁画并无二致，其构图严谨、笔法精细、笔力饱满、着色浓艳，表现出极高的艺术水平。

周霖

纳西族从明代起就产生了不少书画家，如木氏六公中的木增就是著名的书法家，至今遗留有其笔墨真传。清代至民国初，又先后有和钦、杨光远、杨穆之、张文湛、杨鉴勤、和石衡等书画家问鼎书画界，但“诗、书、画三绝者”，唯周霖一人。其绘画成就成为纳西族文艺史上的最高峰。

周霖

周霖生于1902年，卒于1977年，源字慰苍，原丽江县石鼓镇人，毕业于丽江府中学堂，先从军转辗于武汉、南京、上海、苏州等地，后考入设于上海的美术专科学校，毕业后回云南在昆明及家乡任教，成为丽江画、诗、书、乐总会“雪社”之创建者及领导人，曾于1943年参加“云南省美术展览会”，广受好评。

新中国成立后，他先后主持丽江县农民协会《翻身报》、纳西文工团、县文化馆的工作，先后当选副县长、云南省美协副主席，并在此过程中深入生活、扎根现实、反映人民群众生活，创作大量美术作品赞美故乡、歌颂新社会。他的绘画工于山水花鸟，长于写意，既师古又创新，充满乡土气息与民族特色，深受观众欢迎并引起陈毅、郭沫若、黄镇等同志的关注，促成了1963年在中国美术馆举办个人画展之盛举。为此，郭沫若先生赠诗赞云：

石鼓声闻到凤城，尤潭风物活生生；
山泉引自源头出，天外飞来有鹡鸰。

他曾为人民大会堂创作《金沙水拍云崖暖》与《玉壁金川》。1984年由云南人民出版社出版《周霖画集》，吴作人题词曰："金生丽水，艺数周郎。"

第十二章
科技纳西

在长期的生产实践中，纳西族先民不断适应自然、认识自然、利用自然，甚至改造自然，逐渐营造起自己的科学技术知识体系。尽管程度不高、水平有限，但其中仍闪烁出他们智慧的光辉，积淀着他们丰富的经验。

在长期的生产实践中，纳西族先民不断适应自然、认识自然、利用自然，甚至改造自然，逐渐营造起自己的科学技术知识体系。尽管程度不高、水平有限，但其中仍闪烁出他们智慧的光辉，积淀着他们丰富的经验。纳西族先民从旧石器到新石器、红铜器、青铜器、铁器的文化创造，就是其科技能力不断增强、科技发明不断递增的历史过程。从考古及东巴经典与汉文献的记载、民众的生活器物都可以清晰地见证纳西族先民在天文、历法、冶金、耕种、生态、建筑、医学、烧制、酿造等方面所取得的可喜成就，并直到今天还影响着纳西族人民的生产生活、工艺技术、文化艺术。

纳西族的科技成果多种多样，比较典型的有星相、铜锁、铎鞘、造纸、《玉龙本草》、制盐、水利、城建等。

星相

在东巴经中，天空被视若圆顶毡房，它的四周由四根神柱支撑，而正中则由居那若罗神山支撑，太阳与月亮绕居那若罗神山互相追逐。居那若罗神山“阴阳割分晓”，其左为昼，其右为夜，日月入左则在昼区、日月入右则处夜域。《懂述战争》称：“在居那若罗山上，太阳从左边转，月亮从右边转，除夕的那天晚上在居那若罗山上相见，初一那天又在居那若罗山上分开，就开始有了一月三十日。”

也有一些经典称，在懂述交界处的米利达吉神海中长有一株神树，它有12枝，每枝30叶，全树共有360片叶子。至于星辰，遍布于天宇之中，它们是日月之子女，其中最重要的有28个。它们决定着人们的日常生产生活，以及生老病死、祸福吉凶。这二十八宿分别是：六星、红眼星、三星角、三星身、水星头、鬼角星、野鸡星、猪嘴星、猪油星、长角星、矮角星、如星角、如星嘴、如星肩、如星身、如星肝、如星阴、如星脚、如星尾、老鹰星、豪猪头、豪猪星、马星、大蛙爪、蛙嘴星、蛙肚星、蛙尾星、纳谷塔星。这些星宿大抵与汉族的二十八宿相对应，并与印度的二十八宿、彝族的二十八宿有许多相似性，表明这四种时空体系具有一定的影响关系。

铎鞘

纳西族从汉代起就已掌握冶铁技术，并在川西南地区控制着对它的生产与经营，如《三国志》就称当时的摩挲人“旧有盐铁器”。《华阳国志》具体称其“石，火烧成铁，刚利”。至唐代，已跨居苍洱之南的越析诏国麽些人已能制造锋利的铁器“铎鞘”以为兵器。《新唐书》称：“铎鞘者，状如残刀，有孔旁出，出丽水，饰以金，所指无不洞，夷人尤宝，用以血祭之。”这里的“丽水”指丽江，“夷人”则是麽些诏（越析诏）麽些人。至于其工艺技术秘密已经无人知晓，因为随着纳西族先民被逐出宾川故地、铎鞘被南诏所劫获，它已消失于历史苍烟之中。

铜锁

铜在纳西族社会使用广泛，凡兵器、炊具、饰物、赠品、贡品铜都无所不在。其中，既有红铜器，又有青铜器；既有自生铜为原料者，又有合金冶炼而成者，凡斧、钺、剑、矛、镞、鼓、釜、杯、勺、碗、盆、瓢、灯盏、钟、钹、铃等不一而足，铜锁更是名品。

丽江纳西族铜锁

铜锁又称“丽锁”，因产自丽江纳西族地区而闻名。其周身以铜制成，锁芯为铜叶片，用铜钥匙拨动叶片即可开启。锁面以花纹为饰，工艺精湛、造型极其精美，故行销于滇、川、藏广大地区。它不仅是关门闭舍求安全的工具，还是馈送赠答之礼品。友人远行或情侣相恋，均有送铜锁之俗。这种礼锁，正面镌以“壮赠”，背面刻有“芸存”，同时锲以“如月之升，如月之恒”，表示以锁连心，友谊与爱情地久天长、牢不可破。而在日常生活中，铜锁及其铜钥匙是权力与财富之象征，所有家庭主妇的腰间总是挂满大大小小的铜钥匙，表明自己在家庭中的主人翁地位。

制盐

作为游牧民族的后裔，纳西族对盐的需要量惊人，不仅人们的日常生活离不开它，而且牲畜的喂养、肉食的加工、商贸活动，甚至狩猎也离不开它。故在相当长的时间里，纳西族与其他民族的复杂关系大都由于占领盐产地，控制盐贸易与运送、税收等而展开，甚至移民扩张亦围绕着盐而进行，从而建立起自己的盐

西藏昌都地区芒康县盐井纳西族乡的纳西族村民至今仍用古老工艺晒盐

政、盐税、盐商贸盐文化体系。如，滇西北与川藏交界处所有与盐相关之地区都处在其活动范围之内，盐津、盐边、盐源、闰盐、宾川、兰坪拉井、昌都盐井都曾在其控制之下。甚至在四川省盐源县还产生过一位女盐神及其庙宇。纳西族先民先后制作过红盐、黑盐、白盐，至今犹存黑盐井、白盐井地名。

纳西人在晒盐

知识链接

红盐为澜沧江边纳西族所产之盐，因盐水在红土上晒干后所剩之盐成红色而称之。

黑盐之所以呈黑，是由于其制作粗放，一般将盐水倒入大火使水蒸发殆尽，所剩之盐晶则沾有大量黑炭及烟垢粉末所致。当然，这是汉代的技术及其产品。

白盐是对黑盐制作技术的改进结果，即火上架锅，煮以盐水，待水汽全干，锅中即为白色食盐。因其色白、无杂质、细腻，便于储存与运输，故而价最高，最受欢迎。

白地纸

在中国造纸史上，纳西族自有她的贡献，白地纸为其代表。相对于从汉族传入的棉纸、草纸过于单薄、柔软，适应于毛笔书写，纳西族先民发明了以构树皮为原料的厚如皮革、便于久经保存及竹笔、铜笔书写的纸张，主要用于书写东巴经典。由于拥有自造纸张的能力，使记录东巴经典的成本大大降低，亦使东巴口诵经转化为书面经典成为可能，造成了东巴经典数万册至今保存于我国及美、英、法、德、荷、意等国的洋洋大观。

迪庆东巴文化传习馆恢复造东巴纸

白地纸因其主要盛产于东巴教发祥地白地而得名。《中国造纸工业发展史》的介绍是：“这种白地纸，帘纹不明显，经研光

制作白地纸

后，可供双面书写，是就地取材、因地制宜，用固定纸模抄造的。其实还是竹帘抄造的，但技术比较精，帘纹不明显。”究其起源，白地纸制造技术与明代李先常传入的内地造纸法有关。这种造纸法还导致了“玉湖精舍”的出现并印制木公木增等人的诗文、丽江版《甘孜尔》的刻印，以及改土归流后丽江出现四家造纸作坊、“茂阳号”印刷铺，以及光绪三十三年成立铅字印刷所印制中小学教材及《丽江白话报》。

城建

丽江纳西族地区的城池建筑始于元代，成于明代，盛于清代及民国。丽江古城、宝山石头城、石鼓镇、大具营盘、白沙街、束河街皆为其例。丽江古城是经典之作，在选址、用水、布局、功能、结构、建筑工艺、工程技术、城市管理等多方面表现出杰

古城中央的方形广场称四方街，既用于集市，又供集会、文娱活动使用

▲

丽江古城以黑龙潭为水源，在玉龙桥一分为三，之后又引无数细流河道穿街过巷，从而形成家家流水，户户垂杨的景致

出的才能与高超的水平。

在选址上，丽江古城东倚金陲山、西临文笔山，合左青龙、右白虎之说；又北方远靠玉龙山、近依狮子山，南面贵峰、漾西间之湖海，得负阳而抱阴、冲气以为和的风水灵性，足以冬避严寒、夏驱暑热，确保四季和暖。

在用水上，它以黑龙潭（玉泉）为水源，从城东北高地向南引玉河入城，并在玉龙桥一分为三，作中河、东河、西河，复每河引出无数细流网络全城，令其穿街过巷、家家流水、户户垂杨。而且，在水流难于惠及之处则以井泉相补之，使所有民户尽得饮用、洗涤之便，相应建立起河分三时、井分三眼或取水饮用、或洗涮菜蔬锅碗瓢盆、或洗衣，每周冲洗五花石街面，水尾则供灌溉之用的管理体系；在布局上，古城循水网设街巷，东、中、西三条支流自然引出城东、中、西三条主街。城区中央作一方形广场，称“四方街”，既用于集市，又供集会、文娱活动使用。四方街以外各街巷则一如北京城区，区别为卖猪、卖草、卖茶、卖豆、卖肉、卖粮、卖蛋专用区域，秩序井然。

古城既是商业中心，又是政治中心，故将土知府木府置于中河以西、白马龙潭以东的狮子山下，而将流官府丽江府置于中河以东、金陲山下，极为对称；所有街巷与大小河流交叉之处，则

▲

丽江古城选址非常科学，冬避严寒，夏驱暑热

桥梁座座，或为石桥、或为板桥，在2.2平方千米的空间内，竟有76座大小桥梁分布，最著名者为大石桥、万子桥。

在总体布局上，古城一如随意形砚台随水就势，不拘一格，直至改土归流才筑高墙围城，并设以四门：东门曰“向日”，南门曰“迎恩”，西门曰“服远”，北门曰“拱极”，而在此之前，木氏为避免被“困”而始终拒绝建筑城墙城门。在城区，除了大量的“四合五天井”“三坊一照壁”建筑群落，还点缀以标志性建筑以作强调。如，木府附近曾建有忠义坊，其高18米，为3门石坊，是明朝皇帝所赐建。石坊由四根汉白玉石柱支撑，碑、椽、檐、盖均附于其上。匾额上所刻“忠义”二字，是朝廷对木氏土司的最高褒

四合院 ▶

奖。石柱前有4座石基，正面各立1尊石狮，背面立有狮鱼。此外，科贡坊、百岁坊、字纸炉都引人注目。

在建筑工艺上，古城之木作、砖石作、瓦作水平几与内地相当，纸筋、竹木、石灰、糯米汤等作墙体加固材料已应用普遍；在工程技术上，最重要的是街面皆铺以五彩石，而且安排洗街闸门，“进水之口筑一小闸，晨则下闸阻水不得入市，暮则启闸放水涤坊使净，俾入市者既免于泥泞，又免于尘埃，而水仍由市流行，当无所碍”。对于排水与淤泥的处理，古城建成之初便有周到的考虑，一是地表排放，二是地下排放，具体为在地下铺设陶制管道交织成排放网络，另放养水獭穿梭于管道之间作疏通，确保了它畅通无阻。

《玉龙本草》

纳西族传统医药由两大部分构成，其一是本民族固有的巫医药、东巴医药，其二是传入纳西族地区的中医药知识及技术。前者见诸东巴教经典《崇仁潘迪找药》《点龙王药经》《神将施药经》《驱瘟疫鬼经》《迟恩松律》，而且每个东巴都往往是本民族医药高人。作为最著名的医药成就，当数《玉龙本草》。

《玉龙本草》由清道光年间纳西族贡生和介山所著。它以汉医药为基础，吸收了大量的本民族医药成果，收载临床药物500余种，对每种药物的采挖时间、地点以及加工方法、临床效用等详作记述，共涉及39科76种药用植物，是继兰茂《滇南本草》以后云南最重要的本草专著。后来，和介山后人和纯侯又采集植物标本336种补充于其中，并以《玉龙本草图影》之名经曾育麟修订由云南人民出版社出版，出版时间为1959年。和介山另著有《伤寒秘录》1部、《瘟病怪症心应集》1部，为《玉龙本草》之姊妹篇。

纳西人家家爱种的山茶

第十三章
商贸纳西

关于纳西族的商业贸易，早在2 000多年前就已经见载于汉文献之中。那时，位居越巂一带的纳西族先民即与巴蜀地区有关民族作牦牛、马匹、铁器、盐、漆器、布帛、铜器等方面的交换。

至新中国成立，尤其是改革开放以后，纳西族地区更是跨入社会主义经济发展阶段，其商业贸易发生了根本性变化。

▲

以交易农具、果树、花木为主的正月十五棒棒会

关于纳西族的商业贸易，早在2 000多年前就已经见载于汉文献之中。那时，位居越嶲一带的纳西族先民即与巴蜀地区有关民族作牦牛、马匹、铁器、盐、漆器、布帛、铜器等方面的交换；至唐代，纳西族与吐蕃、南诏等地区及民族的贸易十分频繁；元明清三代，不仅古代的闰盐商道仍在发挥重要作用，新开的茶马之道及其茶马互市渐成气候，以丽江古城为中心的城镇网络初步建成。正月白沙棒棒会、三多节庙会、三月龙王会庙会、七月骡马会等大显神威；民国时期，尤其是在抗战时期，纳西族的商贸活动以丽江古城为中心，已具有国际贸易的性质，不仅大小商户达1 200多家，常年奔走于丽江与拉萨之间的马匹最高时曾达10 000多

正月二十白沙乡“当美空普”已有悠久历史。每当这一天，商贩云集白沙街头进行贸易

▶

四，一些纳西族商人已在印度噶伦堡、加尔各答，尼泊尔加德满都设立商号，而且有北京、山东、成都、重庆、昆明、大理、江西、广东、湖南、湖北、江西等省市的20多家商号、银行落户丽江，使纳西族地区一度成为支撑抗日大后方的重要商贸中转站，不仅为抗日战争做出了巨大贡献，而且也发展壮大了当地的经济实力，使丽江纳西族社会发展跨入到资本主义初级阶段。至新中国成立，尤其是改革开放以后，纳西族地区更是跨入社会主义市场经济阶段，其商业贸易发生了根本性变化。

闰盐古道

为贯穿现今凉山州西昌至云南丽江之古道，全程约450千米，途经盐源、宁蒗，遍及川滇边境金沙江、雅砻江之间广大地区，另涉及冕宁、德昌、攀枝花、木里、永胜、华坪等县，其中以盐源县为中心，时称笮或笮都，为纳西族先民摩挲夷最活跃的地区。它于唐改置昆明县（今黑盐塘为其治所），南诏置番城郡，大理国改置贺头甸，元时立盐井管民千户，至元十七年（1280）置闰盐州，二十七年（1290）并普乐、闰盐为闰盐县，故得其名。

这条古道所贩运的有丝绸、蜀杖、蜀布、金、银、水银、

忠义市场

铁、铜、盐、漆、牛、马等商品。有人认为，闰盐古道始于秦汉之际，是南方古丝绸之路的又一重要干线，即牦牛道西干线。其两端向东与成都相接，而向西则与博南道相通，所承担的使命是将成都平原的丰富物产与南亚次大陆的商品进行交换交流，甚至将其进一步向中原与中亚、西亚作两极延伸。在这条古道上，运输力量主要靠人力与畜力，特别是骡、马、驴的作用巨大。

知识链接 闰盐古道支线主要有白木线、木永线、盐普线、两盐线、盐泸线。白木线即白盐井经白乌脚、摩梭沟到木里县城，再往西北至木里大寺通往康藏腹地之道；木永线即木里县西行渡无量河经屋脚、利加嘴抵永宁之道，连结康藏与大理；盐普线即盐源卫城东南行，经罗家村、大哨垭口、板棚子、树瓦河、松坪子渡金河入米易，再经烂坝至普威、攀连镇，与丝绸之路干道灵光道相接；两盐线为连接盐源盐边两县之支线，它分二线：其一为卫城越大哨垭口经树瓦河、上荒田过藤桥河至太平场沿鳃鱼河西行至盐边县城，其二为出白盐井南行经柏林、岔秋、黄草坝过格朗河，经岩口、喇踏田、永兴场抵阿所拉，再经高坪、同德抵攀枝花渡口，入云南华坪县境与古丝绸之路干道相接；盐泸线又称盐源北驿道，或黄金大道，出卫城后过白洁河、白乌、关顶、沃底渡金河到洼里，再沿金河经烂坝至下手把、联合，直抵雅砻江畔之泸宁。

总之，这条古道除商贸之外，还连接起汉、白、彝、藏、纳西、普米、傈僳等各民族的众多文化。

茶马古道

茶马古道是一条以滇南产茶区为起点，以西藏拉萨为终点的古商贸大道，继续往两头延伸，再往南进入东南亚半岛，再往西进入尼泊尔与印度。恰好，纳西族扼守这条古道咽喉，占尽滇藏游牧文化、农业文化之春色，既带来本区域的经济、社会、文化繁荣，又承担起雪域高原与江河平坝之间物质精神交流的桥梁作用，塑造了本民族开放、进取、多元、包容的文化性格，凡盐井、德钦、维西、巨甸、石鼓、大研、大理、楚雄、昆明、玉溪、普洱的经济带也由此繁盛一时。

东巴祈愿铃

“茶马互市”造成的经济利益亦强有力地推动了纳西族的对外移民，以及外来民族成员纷纷融合入纳西族社会。可以说，如果没有茶马古道的强劲脉动，就没有皮匠街、束河街、白沙街、拉沙街、蒗渠街、石鼓街、巨甸街石头城等向鹤庆、剑川、中甸、兰坪、昌都、巴塘、理塘、永胜等外民族商贸重镇的辐射与连接。在抗日战争时期，它还曾为运送同盟国援华物资做出过巨大贡献。

七月骡马会

每年七月，正是骡马牛羊膘肥体壮时节。是时，来自全国各地的客商都要前来丽江参加七月骡马会。在这个商贸集会上，主要交易马、骡、牛、羊等大型家畜，同时也进行日用商品及生产工具的交易活动。著名的“丽江马”最受人们青睐，求购者近遍滇川，远及河南、河北、广东、福建，既有军马之

七月骡马会

需，又有民用之资。这是因为丽江马从唐诏时代就闻名于世，它身体适中，耐高寒，亦适于丘陵及平原劳作，已经在茶马古道及历朝历代历次战争中尽显其英雄本色。许多纳西族人家正是依赖七月会上的骡马交易，才支撑起年复一年的经济收支，并借此发家致富，或供给子女读书，成就了一代又一代、一批又一批纳西族英才报效国家。

赶马帮

这是一种独特的商贸运输形式，即以马为动力，将藏区与滇云农区间的物资转化为商品进行贸易。纳西马帮一般负责往返于丽江与拉萨之间，往返半年，历经雪山、峡谷，艰苦无比。一般于四月份出发，九月底前返回，以避过大雪封山，并保证马匹一路上有充足的草料。此段距离长约1 500千米。其实，赶马帮者一般分两类，一是藏客，二是赶马人。藏客又叫“马锅头”，它是印度语“马格达”即“商人”之音译，专指往返藏区经商者；赶马人是纯粹的打工仔，他们连人带马一起为藏客所租用，赚一点苦力钱及租马费。而且，虽说“赶马”，其实是赶骡子，因为骡子体壮力大，耐寒又耐热，每匹每次能驮运货物近100公斤。马帮一般少则十数匹，多则数十匹乃至数百匹，一路走来，浩浩荡荡，铃声叮当。赶马人一般两三人一组，互相配合上驮下驮并

翻山越岭，在雪地里行进的马帮

丽江古城马帮体验游

武装保卫马帮之安全。马帮所驮运者北上为茶叶、红糖、米、面、布匹、铜器、绸缎之类，南下则是药材、皮毛货、肉制品、乳制品等等。

商号银行

丽江古城曾经商号云集。它们当中，有的是外地商号，有的是本地商号，汉族、白族、藏族、纳西族商贾各显其能，较著名的有“永昌祥”“鸿兴源”“复春和”“复兴和”“茂恒”“恒盛公”“常兴昌”“复兴昌”“协树昌”“铸记”“仁和昌”。最兴盛时，仅丽江古城就有大小商号1 200多家，拥有100万元以上银币者达10余家。另外，自民国初起，富滇银行丽江分行、益华银行、矿业银行、侨民银行、富滇新银行、合作金库、兴文银行等先后在丽江兴建，国际工会组织也受艾黎等指派在丽江建立有关工业及金融机构发展纳西族经济，促进了丽江的资本主义经济繁荣，引发了部分纳西族商号走出本土，在拉萨、昆明、大理、下关、腾越、重庆、上海、香港等落地生根。

房顶上的瓦猫

第十四章
自治纳西

由于历史的与现实的种种原因，纳西族并不具备在新中国成立以后获得建立自治区、自治州之条件，仅在云南省丽江市（原为专区、地区）境内以原丽江县为基础建立丽江纳西族自治县，并于丽江地区撤地建市以后将它一分为二，独立出古城区与玉龙纳西族自治县。另外，在西藏自治区昌都市芒康县建立有盐井纳西族乡，在四川省凉山彝族自治州木里藏族自治县建立有俄亚纳西乡，在云南省迪庆藏族自治州香格里拉市（原称中甸县）建立有三坝纳西族乡，在丽江市永胜建立有大安彝族纳西族乡。

▲

红土地上的
纳西村庄

民族区域自治是中国共产党的政治制度创新，根据中国是一个统一的多民族国家这一历史与现实情况而制定。具体讲，它指在国家的统一领导下，各少数民族聚居地方实行区域自治、设立自治机关、行使自治权的制度，自主地管理本民族、本地区的内部事务，行使当家做主的权利。在这一制度内，分相当于省级的自治区、相当于专区或市级的自治州、相当于县、区（市）级的自治县旗，原则上依自治地方地域的大小和人口的多少决定，具有民族立法权、变通执行权、财政经济自主权、语言文字自主权、组织公安部队权、少数民族干部优先任用权、自治机关最高首长为自治民族出身者，并选举担任。

由于历史的与现实的种种原因，纳西族并不具备在新中国成立以后获得建立自治区、自治州之条件，仅在云南省丽江市（原为专区、地区）境内以原丽江县为基础建立丽江纳西族自治县，并于丽江地区撤地建市以后将它一分为二，独立出古城区与玉龙纳西族自治县。另外，在西藏自治区昌都市芒康县建立有盐井纳西族乡，在四川省凉山彝族自治州木里藏族自治县建立有俄亚纳西乡，在云南省迪庆藏族自治州香格里拉市（原称中甸县）建立有三坝纳西族乡，在丽江市永胜县建立有大安彝族纳西族乡。而过去长期属丽江路、丽江府的鹤庆、剑川二县于1956年划归大理白族自治州，中甸、维西、德钦三县于1954年划出单独成立迪庆藏族自治州，碧江、贡山、兰坪、福贡及一度归属丽江之泸水县亦于1954年划出单独成立怒江傈僳族自治州，原属丽江县的拖支乡划归维西傈僳族自治县。

丽江纳西族自治县

丽江纳西族自治县成立于1961年，其母体为原丽江专区丽江县，汉时称遂久县，元时为丽江路属地，包括通安、巨津、宝山三州，明时为丽江军民府所辖通安州、宝山州、巨津州，清代为丽江府所属丽江县，民国为丽江县。它位于云南省西北部，是原丽江专区（地区）、现丽江市政府所在地，面积7 647.4平方千米，下辖大研、金山、黄山、白沙、七河、金江、龙山、拉市、大东、鸣音、奉科、宝山，大具、龙盘、石鼓、九河、太安、巨甸、鲁甸、石头、塔城、红岩、黎明等23个乡镇。其中，九河、金山、石鼓为白族乡，仁和为傈僳族乡，黎明为傈僳族乡。至2002年撤销丽江纳西族自治县时，全县总人口约32万。

丽江夜色

其中，纳西族人口约17万，另有汉、白、彝、藏、傈僳、普米、苗等民族。纳西族于1956年6月选定西部方言为基础方言，以大研镇土语为标准语音，设计了一套拉丁字母形式的《纳西族文字方案》（草案）并提交1957年3月在昆明召开的云南少数民族语文科学讨论会通过后，于1981年由相关部门对《纳西文字方案》作组织修改与推广。1990年7月2日，丽江纳西族自治县公布第

▲

丽江古城
四方街

▲

古城夜景

一部自治条例，以贯彻落实国家《民族区域自治法》。该县境内曾建有县民族歌舞团1个、县东巴文化博物馆1座、县民族中学1所、县民族图书馆1座、县文物管理所1个，拥有丽江古城、东巴象形文字经典、三江并流区等三项世界遗产，是丽江乃至滇西北地区政治、经济、文化中心，且为汉、纳、藏、白、彝文化的荟萃之地，佛、道、东巴、毕摩、基督等宗教的交汇之区。县政府一直设于大研镇，即丽江古城。

玉龙纳西族自治县

成立于2003年，为原丽江纳西族自治县除去古城区以外的部分，面积6 392平方千米，耕地面积39.3万亩，全县人口21.1万，其中纳西族11.93万人。下设16个乡镇、3个居委会、1个办事处，97个村委会、913个村民小组，拥有玉龙山、虎跳峡、长江第一湾、老君山、拉市海、黎明黎光丹霞地貌、万朵山茶、新主天然植物园等三江并流区主体景点，另有白沙细乐、东巴文化、宝山石头城，丽江壁画、丽江古乐、元军革囊渡口、太子关、红军渡口石鼓渡巨甸渡、铁桥遗址、花马国故地等大量文化遗产与遗址。藏传佛教噶举派（噶玛噶举）在丽江的分布均见之于玉龙纳西族自治县境内。金沙江流经县境364千米，可建造一个调节水库与5座大型梯级电站，为云南省重要的绿色产业、水电产业、旅游产业、文化产业基地。至2013年，全县生产总值达426 182万元，按可比价格计算，比上年增长17.2%，连续11年保持两位数增长。按年末人口计算，人均生产总值达19 618元。

玉龙纳西族自治县是农、林、牧、渔业大县。农业方面，2013年末实有土地407 218亩，农作物总播种面积41 285亩，油料种植面积46 509亩，烤烟产量14 924吨，共产粮食117 379吨，油料产量5 380吨，肉类产42 873吨，牛奶产7 512吨，禽蛋产1 986吨。

就工业建筑业而言，2013年全年完成总产值223 161.3万元，比上年增长76.4%，对经济增长贡献率达65.3%，拉动GDP增长11.24个百分点；全社会建筑业增加值完成76 360万元，增长17.5%；在固定资产投资方面，全年完成投资651 825万元，全年社会消费品零售总额完成79 260.7万元，全年招商引资共完成362 024万元；旅游业的发展更是喜人，全年接待海内外游客753.02万人次，实现旅游综合收入75.57亿元。

由于经济发展快速、优质，2013年全县单位从业人员劳动报酬59 970万元，实现农村居民人均可支配收入6 263元，城镇居民人均可支配收入17 660元。

玉龙县拉市乡雪桃近几年成为特色产业。雪桃花盛开，一派祥和

目前，全县有艺术表演团体1个，乡镇文化站16个，文物保护管理机构1个，公共图书馆1个，总藏书量12.6万册，广播综合人口覆盖率达98%，电视综合人口覆盖率达99%，电视卫星收转站76座。

在教育方面，2013年，全县有学校154所。其中，高中1所、省立民族中学1所、初中11所、小学102所、9年一贯制学校1所、教师进修学校1所、职业高中1所、幼儿园36所，基础在校学生28 014人，公办教职工2 606人，专任教师2 401人。

在卫生方面，至2013年底，全县共有医疗卫生机构21个，其中县级医院1个、卫生院16个、妇幼保健院1个、疾病预防控制中心1个、社区服务中心1个，共有床位819张，卫生技术人员682人，乡村卫生室102个，参加新型农村合作医疗农民192 281人，参合资金6 557万元，新型农村合作医疗覆盖率达到100%。

就劳动就业、社会保障和社会福利而言，2013年末，全社会从业人员为157 246人，其中城镇从业人员32 641人，农村从业人员124 605人，全县参加城镇养老保险人数7 419人，参加城镇职工基本医疗保险人数12 434人，城镇居民参加基本医疗保险6 567人，参加失业保险人数2 175人，参加工伤保险13 418人，参加城乡居民社会养老保险137 344人，参加生育保险8 868人。另为305名创业者提供小额担保贷款和贷免扶补创业贷款1 945万元，新增转移农村富余劳动力1 130人，城镇登记失业率控制在3.3%以下。

盐井纳西族乡

属西藏自治区昌都市芒康县，距县城112千米，海拔2 400米左右，面积为1.3万平方千米，地处西藏东南端，位于芒康县与云南德钦县交界处的澜沧江边。东北与四川巴塘相邻，西与左贡县扎王、碧土、门孔相望，历史上是茶马古道重要驿站，为吐蕃与南诏之间必经通道，现有214国道贯通全境。盐井在纳西语中称“擦卡洛”，为“产盐谷地”之意，曾于1908年设盐井宗，1912年后归西康省管辖，1950年属昌都地区解放委员会管辖，

1960年与宁静县合并称宁静县，1983年恢复盐井县。盐井纳西民族乡于1960年成立，“文革”中改为人民公社，1984年恢复置乡，总人口4 382人。下辖纳西民族村、盐井村、角龙村、达加村等村民委员会，21个村民小组，共699户，盐泉83处。有中学1所，天主教堂1座、佛教经堂“扎果西”1座，纳西族东巴教、藏传佛教及天主教在这里长期和谐相处。这里的纳西族最早于明代迁入，主要为丽江木氏土司采盐、运盐、贩盐，至今仍保留纳西语及祭天等习俗，只是无论男女老少之服饰都已藏化，而且产盐不再是其主要生业，农业、加工业、林牧业都欣欣向荣。

▲

西藏昌都地区芒康县盐井纳西族乡的纳西族最早于明代迁入，主要为丽江木氏土司制盐、运盐、贩盐。如今，产盐不再是这里的主要产业

俄亚纳西族乡

属四川省凉山彝族自治州木里县，处云南省丽江、中甸、宁蒗与四川稻城、木里之间，乡政府距县城298千米。金沙江和其多条支流如无量河、龙达河、东义河环周边流动。其中，龙达河两岸分布有多个纳西族村落，如大村即在其北岸。俄亚纳西族乡下辖大村、鲁司、苏达、立碧、俄碧、卡瓦6个行政村、28个村

俄亚纳西族乡大村。在这里，东巴教至今仍与村民的生活息息相关

宁蒗彝族自治县永宁坝，摩梭人聚居区之一

俄亚村的纳西女子在绩麻

俄亚纳西族乡纳西妇女

民小组，共有纳西族人口约3 000人。大村是俄亚纳西民族乡所在地，共198户，1 470人，除汉、藏两族之外，纳西族人口占59%。俄亚纳西民族乡成立于1984年11月，原称俄亚公社，东、南、西三面与依吉乡与云南宁蒗县之甲泽行政村隔河相望，北与宁朗乡为邻，面积587平方千米，历史上为纳西族木氏头人领地。其平均气温在15.5℃左右，全年无霜期260天，有耕地面积7 000亩许，主产玉米、洋芋、小麦等。有中学1所、小学19所、乡医院1所，境内产黄金。俄亚纳西族于明代迁入，至今已有400多年历史，操纳西语西部方言，信奉本民族宗教东巴教，使用本民族文字东巴象形文字及汉文，并建立有俄亚纳西民族乡东巴文化博物馆1座。

三坝纳西族乡

属云南省迪庆藏族自治州香格里拉市，唐属吐蕃神川都督府，宋为麽些大酋长所据，元代与瓦刷、哈巴、江边三地同属丽江路宝山州，明成化二十三年后置于丽江府木氏土司统治之下。1938年始设中甸县三坝乡，1989年设三坝纳西民族乡。位于北纬27°19′至27°43′之间，面积共966平方千米，人口17 356人，耕地面积1 366公顷，最高点为哈巴雪山主峰，海拔5 398米，最低点位于江边村委会所在地，海拔仅1 600米。乡政府所在地离县城100千米，共辖东坝、安南、白地、瓦刷、哈巴、江边6个村民委员会，共75个村民小组，境内有纳西、汉、回、彝、藏等11个民族。其中，纳西族占62%，约有11 000人。

三坝是一个以纳西族为主的多民族、多宗教并存的民族乡。作为纳西族东巴教圣地，境内有渣日岩画、阿明灵洞、白水台、摩崖石刻等多种自然文化遗存，保存有丰富的东巴文化积淀，培

三坝纳西族乡是东巴教圣地，境内有渣日岩画、阿明灵洞、白水台、摩崖石刻等多种自然文化遗存

雪后纳西村庄

养了众多的东巴大师。

目前，该乡共有中学1所、村完小5所、乡完小1所、村小学15所，在校学生计2 500人左右，共筹集教育助学金268 615元，帮助500多户困难家庭小学生完成义务教育。

另外，三坝乡共有森林1 131 100亩，森林覆盖率达75%，有草场40万亩及丰富的生物、矿产、水能、土地资源，金、银、钨、铜、铅、锌及大理石等具有良好的开采开发前景，文化旅游已产生良好效益，并且发展势头良好。

大安彝族纳西族乡

属于云南省丽江市永胜县，位于县城西北53千米处，幅员240.7平方千米，辖大安、培元、永安、梓里、光美、永乐、宝坪、水坪8个村委会、82个村民小组，15 497人，居住有汉、彝、纳西、藏、白、苗、壮、傈僳、普米等9个民族，尤以彝族、纳西族最多。其中，纳西族人口约7 000人。实有土地22 149亩，主要作物有玉米、小麦、水稻、豆类，经济作物有烤烟、魔芋、中药材、蔬菜、经济林果等，乡镇企业516户。这里有丰富的矿产资源，其中以铜和煤矿居多，有宝坪铜厂与永安煤矿各一个；水能资源丰富，已建黑龙潭、永安、培元3座中小型水电站及金安水电站1座，已产生较巨大经济效益；生物资源丰富，为国家二级保护植物“红豆杉”活立木蓄积地；信息建设发展迅速，建有“金安之窗”信息平台。该乡通过“以地生财，以财建镇，以镇招商，以商带农”的发展思路，积极推进城镇化建设、盘活资源，搞活乡镇企业，并充分发挥区位及资源优势，集中人力、物力、财力，充分调动各种积极因素，加大了对金安一线交通、医疗、卫生、通信建设的投入；在教育方面，现有中学两所、小学8所，教师近150人，在校学生约1 700人；在文化上，拥有被称为长江最古铁索桥的金龙桥，它于2006年被列为国家第六批重点文物保护单位。

大安彝族纳西族乡于1988年成立。在此之前，于1960年称大安公社，于1962年与顺州合并，于1969年从顺州划出设大安公社，于1984年改为大安乡。乡政府设于曾家村，距县城53千米。

参考文献

1. 木基元. 丽江金沙江地区的考古发现与研究. 载白庚胜, 和自兴《木基元纳西学论集》. 北京: 民族出版社, 2009

2. 谢肇淛. 滇略.

3. 魏源. 圣武记·雍正西南夷改流记.

4. 木氏宦谱.

5. 方国瑜. 古调桥纳西文摩崖. 见白庚胜, 和自兴《方国瑜纳西学论集》. 北京: 民族出版社, 2008年

6. 和正才讲述. 李即善翻译. 懂述战争. 丽江: 丽江县文化馆石印, 1963年11月

7. 白庚胜. 纳西族民俗志. 北京: 中央民族大学出版社, 2001

8. 方国瑜.《白狼歌诗》及《麽些民族考》. 载白庚胜, 和自兴主编, 方国瑜著《方国瑜纳西学论集》. 北京: 民族出版社, 2008

9. 冯时可著. 木氏六公传.

10. 徐霞客. 山中逸趣集.

11. 赵银棠辑注. 纳西族诗选. 昆明: 云南民族出版社, 1985

12. 和钟华, 杨世光. 纳西族文学史·李寒谷. 成都: 四川民族出版社, 1992

13. 顾彼德著, 宣科译. 被遗忘的王国. 载《玉龙山》1989—1999号.

14. 和云峰. 纳西族东巴教音乐的若干调查与研究. 载白庚胜, 和自兴主编, 和云峰著《和云峰纳西学论集》. 北京: 民族出版社, 2009

15. 和志武, 郭大烈. 纳西族史. 成都: 四川民族出版社, 1999

16. 白庚胜, 桑吉扎西. 纳西文化. 北京: 新华出版社, 1993

17. 和云峰. 和云峰纳西学论集. 载白庚胜, 和自兴主编《纳西学丛书》. 北京: 民族出版社, 2009

图片提供者

（按姓氏音序排列）

《迪庆州东巴传习馆传承东巴文化十四周年汇报材料》
第167页（下）

阿妈意餐饮
第122页（三幅）

百度网站
第14页
第30页（上）
第38页
第44页（上）
第91页
第93页
第111页
第160页
第190页

车文龙
第15页
第16页
第101页
第114页
第115页
第118页（下）
第153页
第167页（上）
第188页（中右）

盖明生
第47页
第84页
第85页

和品正、和钟泽
第42页
第43页
第79页
第89页
第113页（上）
第113页（下）
第149页
第158页（上）

和尚礼
第53页
第78页
第156页

和仕勇
第155页

和文春
第65页

李琳
第13页
第17页
第29页
第59页
第69页
第73页
第75页
第76页
第88页
第96页
第101页（上）
第101页（下右）
第119页
第122页（上）
第126页
第140页
第143页
第145页
第146页
第147页
第154页
第170页（上）
第171页
第174页（下）
第175页
第177页（上）
第178页
第179页（上）
第179页（下）
第182页
第183页
第184页（下）
第188页（中左）
第188页（下）

丽江市博物院
第22页
第24页
第25页
第55页

苏国胜
封面
第10页
第12页（上）
第12页（下）
第14页（上）
第15页（上）
第15页（下）
第18页
第26页
第28页
第30页（下）
第31页
第33页
第45页（下）
第50页
第57页
第58页
第61页
第62页
第63页
第64页
第66页
第72页
第74页（上）
第74页（下）
第86页
第90页
第94页
第97页
第98页
第99页
第101页（下左）
第102页
第104页
第105页
第106页
第109页
第110页
第112页（上）
第112页（下）
第120页
第124页
第148页
第150页
第157页
第158页（下）
第159页
第162页
第165页
第166页
第168页（上）
第168页（下）
第169页
第172页
第174页（上）
第177页（下）
第180页
第184页（上）
第185页
第187页
第188页（上）
第189页

维基百科
第100页

玉龙县文管所
第24页

张桐胜
第118页（上）
第152页
第170页（下）

后记

乙未年春节，我们不敢外出，亦谢绝了一切往来，一直埋头于这本《纳西族》的写作。因为，自从2013年接受辽宁民族出版社的委托承担其任务以来，由于事务繁忙，更兼社会职务过多，业余编书、讲课过重，我们一次又一次拖延交稿时间，有愧于丛书主编丹珠昂奔同志的寄望，以及具体主持有关组织工作、编辑工作的吴昕阳女士与吕怡女士，只好闭门谢客于春雨潇潇之季、屠苏入户之时、爆竹声声之期。好在由于有“百度”可以借助，云南省民委编《纳西族文化大观》可以查阅，“纳西学丛书”中的30部专著可以参考，更有多年的纳西文化研究积累，故文稿的撰写异常顺利。我们的分工是：白庚胜负责策划、主要撰稿；孙淑玲负责资料收集、后勤保障；白羲负责部分撰稿、统稿。每日早起晚寐中，桌上的积稿不断增加，很快就进入到配图阶段。所幸纳西族记者李琳女士恰好就职于民族画报社从事摄影编辑工作，使得文字与图像的璧合顺利异常。于是，水到渠成，终于在春节收假前夜向辽宁民族出版社践行了“2月末一定交稿”的诺言，心中的畅快自然不言而喻。这里我们要再次表达的是对以上所提及各位与各单位、各部门的无比谢意，以及“三羊开泰”之岁的美好祝福：

愿祖国好！

愿各民族繁荣！

愿纳西族兴盛！

愿亲友们天佑！

白庚胜

2014年12月